Os Lugares que nos Assustam

Pema Chödrön

Os Lugares que nos Assustam

Um guia para despertar nossa coragem em tempos difíceis

SEXTANTE

tradução
José Carlos G. Ribeiro

revisão técnica
Grupo Shambhala do Brasil

capa
Victor Burton

projeto gráfico e diagramação
Marcia Raed

revisão
Antonio dos Prazeres
Sérgio Bellinello Soares

fotolitos
RR Donnelley Mergulhar

impressão e acabamento
Centro de Estudos Vida e Consciência Editora Ltda.

Miolo impresso em Chamois Bulk Dunas 90g/m^2

CIP-BRASIL. CATALOGAÇÃO-NA-FONTE
SINDICATO NACIONAL DOS EDITORES DE LIVROS, RJ.

C473L Chödrön, Pema
Os lugares que nos assustam
/ Pema Chödrön ; [tradução José Carlos G. Ribeiro].
– Rio de Janeiro : Sextante, 2003

Tradução de: The places that scare you
Inclui bibliografia
ISBN 85-7542-045-3

1. Vida religiosa (budismo). 2. Budismo – Doutrina.
I. Título.

02-2105. CDD 294.3444
CDU 294.34

Av. Nilo Peçanha, 155 – Gr. 301 – Centro
20020-100 – Rio de Janeiro – RJ
Tel.: (21) 2524-6760 – Fax: (21) 2524-6755
Central de Atendimento: 0800-22-6306
E-mail: atendimento@esextante.com.br
www.esextante.com.br

Confesse suas falhas ocultas.
Chegue-se ao que considera repulsivo.
Ajude a quem acredita não poder ajudar.
Deixe ir aquilo a que está apegada.
Vá aos lugares que te assustam.

Conselho de seu mestre para
a iogue tibetana Machik Labdrön

Ao Décimo Sexto Karmapa Rangjung Rigpe Dorje,
Dilgo Khyentse Rinpoche e
Chögyam Trungpa Rinpoche,
que me ensinaram o que significa ser destemida.

SUMÁRIO

AGRADECIMENTOS

Existem cinco pessoas às quais quero agradecer especialmente por ajudarem a dar vida a este livro: meu irmão monástico, Tingdzin Otto, cujo trabalho foi de incalculável valor durante minhas palestras; Tamar Ellentuck, excelente e leal secretária, em tempos muito difíceis; Gigi Sims, por extraordinárias transcrições; minha boa amiga Helen Tworkov, que me proporcionou o lugar perfeito para escrever, e, principalmente, minha editora e amiga de tanto tempo, Emily Hilburn Sell, que dedicou todo o seu coração a este livro, entregando-se com o destemor do guerreiro.

Gostaria também de agradecer às diversas pessoas que transcreveram minhas palestras, durante os últimos cinco anos: Migme Chödrön, Lynne Van de Bunte, Eugene e Helen Tashima, Susan Stowens, Alexis Shaw, Bill e Eileen Fell, Rohana Greenwood e Barbara Blouin.

Quero agradecer a Soledad González, por sua bondade amorosa.

Dedico profundo apreço a Joko Beck e Ezra Bayda, cujo trabalho tanto me influenciou. Quero ressaltar especialmente a influência de Ezra no capítulo sobre meditação.

Finalmente, quero expressar minha gratidão aos meus mestres vivos, Dzigar Kongtrul Rinpoche e Sakyong Mipham Rinpoche. Eles são generosos o suficiente para, continuamente, mostrar-me a natureza de minha mente e revelar minhas falhas ocultas.

PRÓLOGO

Quando ensino, inicio com uma aspiração compassiva. Expresso o desejo que iremos aplicar os ensinamentos no dia-a-dia de nossas vidas e, dessa forma, livrar-nos, e a outros, de sofrimento.

Durante a palestra, encorajo a audiência a manter a mente aberta. Isso é freqüentemente comparado a uma criança que, maravilhada, vê o mundo sem concepções prévias. Como coloca o mestre zen Suzuki Roshi: "Há muitas possibilidades na mente do principiante, mas poucas na do perito."

Ao término da palestra, dedico o mérito da ocasião a todos os seres. Este gesto de amizade universal já foi comparado a uma gota fresca de água da fonte. Se a depositarmos sobre uma rocha, ao sol, ela logo evaporará. Se a colocarmos no oceano, no entanto, ela nunca será perdida. O desejo, portanto, é que não guardemos para nós mesmos os ensinamentos, mas os empreguemos em benefício dos outros.

Essa abordagem reflete os assim chamados três nobres princípios: bom no início, bom no meio, bom no final. Eles podem ser empregados em todas as atividades da vida. Podemos iniciar qualquer coisa – começar o dia, comer uma refeição ou ir a uma reunião – com a intenção de sermos abertos, flexíveis e gentis. Depois, podemos prosseguir com uma atitude inquisitiva. Como costumava dizer meu mestre Chögyam Trungpa Rinpoche: "Viva sua vida como uma experiência."

Ao término da atividade, quer tenhamos sentido que fomos bem-sucedidos ou que tenhamos falhado em nossa intenção, fechamos a ação pensando nos outros, os que estão sendo bem-sucedidos e falhando, em todo o mundo. Desejamos que qualquer aprendizado que tenhamos tido em nossa experiência possa beneficiar também a eles.

Com esse espírito, ofereço este guia sobre o treinamento do guerreiro compassivo. Que ele seja benéfico no início, no meio e no final. Que ele ajude a nos levar aos lugares que nos assustam. Que ele enriqueça nossas vidas e nos ajude a morrer sem arrependimentos.

UM

A SUPERIOR QUALIDADE DO *BODHICHITTA*

Somente com o coração podemos ver corretamente, o essencial é invisível aos olhos.

– ANTOINE DE SAINT-EXUPÉRY

Quando eu tinha cerca de seis anos de idade, recebi o ensinamento essencial do *bodhichitta* de uma velha que estava sentada ao sol. Um dia, eu estava passando em frente da sua casa, sentindo-me só, não amada e louca da vida, chutando qualquer coisa que me aparecesse pela frente. Rindo, ela me disse: "Menina, não deixe que a vida endureça o seu coração."

Naquele momento eu recebi esta instrução básica: podemos permitir que as circunstâncias de nossas vidas nos endureçam, nos tornando cada vez mais cheios de ressentimentos e amedrontados, ou podemos permitir que essas mesmas circunstâncias nos tornem mais amáveis e mais abertos para com aquilo que nos assusta. Sempre podemos escolher.

Se perguntássemos ao Buda "O que é *bodhichitta*?", ele poderia nos responder que esta palavra é mais fácil de entender do que de traduzir. Ele poderia nos aconselhar a pesquisar as maneiras de encontrar o seu significado procurando em nossa própria vida. Ele poderia nos desafiar, acrescentando que somente o *bodhichitta* cura, que o *bodhichitta* é capaz de transformar o mais duro dos corações e a mais preconceituosa e amedrontada das mentes.

Chitta significa "mente" e, também, "coração" ou "atitude". *Bodhi* significa "desperto", "iluminado" ou "completamente aberto". Algumas vezes o *bodhichitta* – coração e mente completamente abertos – é chamado de ponto sensível, um local tão vulnerável e sensível quanto uma ferida aberta. É equiparado, em parte, à nossa capacidade de amar. Mesmo a mais cruel das pessoas possui esse ponto sensível. Mesmo os animais mais selvagens amam suas crias. Como disse Trungpa Rinpoche: "Todos amam algo, mesmo que sejam apenas tortilhas."

O *bodhichitta* também é equiparado, em parte, à compaixão – nossa capacidade de sentir a dor dos outros, que compartilhamos. Sem perceber, nós constantemente nos protegemos dessa dor, porque ela nos assusta. Erguemos muros de proteção feitos de opiniões, preconceitos, estratégias e barreiras, construídos devido ao profundo medo que temos de sermos feridos. Esses muros são fortificados ainda mais por emoções de todo tipo: raiva, ânsia, indiferença, ciúmes e inveja, arrogância e orgulho. Mas felizmente, para nós, o ponto sensível – nossa capacidade inata de amar e de nos importar com as coisas – é como uma brecha nesses muros que construímos. É uma abertura natural nas muralhas que criamos quando estamos com medo. Com prática, podemos aprender a encontrar essa abertura. Podemos aprender a pegar aquele momento vulnerável – amor, gratidão, solidão, constrangimento, inadequação – para despertar o *bodhichitta*.

Uma analogia de *bodhichitta* é a sensação de ferida aberta que é causada por um coração partido. Algumas vezes, esse coração partido faz nascer ansiedade e pânico, outras, raiva, ressentimento e acusação. Mas debaixo da rigidez dessa armadura existe a suavidade da tristeza genuína. Essa é a nossa ligação com todos aqueles que, alguma vez, já amaram. Esse genuíno coração de tristeza pode nos ensinar grande compaixão. Ele pode nos tornar humildes quando estivermos arrogantes, e suaves quando formos rudes. Ele nos desperta quando preferimos permanecer dormindo e penetra nossa indiferença. Essa contínua dor no coração é uma bênção que, quando completamente aceita, pode ser compartilhada com todos.

O Buda disse que nunca estamos longe da iluminação. Mesmo nos momentos em que nos sentimos mais perdidos, nunca nos alienamos do estado de iluminação. Essa é uma afirmação revolucionária. Mesmo as pessoas comuns, como nós, com problemas e confusão, possuem essa mente de iluminação, que chamamos de *bodhichitta*. A abertura e o calor do *bodhichitta* são, na realidade, nossas verdadeiras condição e natureza. Mesmo quando nossas neuroses parecem muito mais reais do que nossa sabedoria, mesmo quando estamos nos sentindo confusos e sem esperanças, o *bodhichitta* – como o firmamento – está sempre presente, inalterado pelas nuvens que o escondem temporariamente.

Por estarmos tão acostumados às nuvens, é claro, podemos achar difícil acreditar nesse ensinamento do Buda. A verdade, no entanto, é que, no meio de nosso sofrimento, nos momentos mais difíceis, nós podemos fazer contato com esse nobre coração do *bodhichitta*. Ele está sempre disponível, tanto na dor quanto na alegria.

Uma jovem escreveu-me sobre ter-se encontrado cercada, em uma pequena cidade do Oriente Médio, de pessoas que zombavam e gritavam, ameaçando atirar pedras nela e em seus amigos, por eles serem americanos. Estava aterrorizada, é claro, e foi muito interessante o que lhe aconteceu. Subitamente, ela se identificou com todas as pessoas que, através da História, foram escarnecidas e odiadas. Compreendeu o que é ser desprezada por uma razão qualquer: grupo étnico, origem racial, preferência sexual ou sexo. Algo se abriu e ela se sentiu ocupando o lugar de milhões de pessoas oprimidas e passou a enxergar as coisas sob uma nova perspectiva. Ela até mesmo compreendeu a humanidade compartilhada que tinha com aqueles que a odiavam. Esse senso de profunda conexão, de pertencer à mesma família, é o *bodhichitta*.

O *bodhichitta* existe em dois níveis. No primeiro existe o *bodhichitta* incondicional, uma experiência imediata que é renovadoramente livre de conceito, de opinião e da nossa atitude normal de tensão. É algo imensamente bom, que não conseguimos agarrar, mesmo de leve; é assim como sabermos, no íntimo, que não há nada a perder. No segundo existe o *bodhichitta* relativo, que é a nossa habilidade de manter nosso coração e mente abertos para o sofrimento, sem nos fecharmos.

Aqueles que treinam sinceramente para despertar o *bodhichitta* incondicional e o *bodhichitta* relativo são chamados de *bodhisattvas*, ou guerreiros – não guerreiros que matam ou causam mal, mas guerreiros da não-agressão, guerreiros que ouvem os lamentos do mundo. São homens e mulheres dispostos a treinar, mesmo em meio ao fogo. Treinar em meio ao fogo pode significar que os guerreiros-*bodhisattva* se envolvem em situações desafiadoras com o objetivo de aliviar sofrimentos. Também se refere à sua disposição de superar a sua tendência pessoal de reagir e de se auto-enganar, se refere à sua dedicação para desvelar a energia básica, não distorcida, do *bodhichitta*. Temos muitos exemplos de mestres guerreiros – pessoas como Madre Teresa e Martin Luther King – que compreenderam que os maiores males vêm de nossa própria mente agressiva. Eles devotaram sua vida a ajudar os outros a compreenderem essa verdade. Existem, também, muitas pessoas comuns que passam a vida treinando como abrir seu coração e mente, para que possam ajudar os outros a fazerem o mesmo. Como eles, poderíamos aprender a nos relacionar, como guerreiros, conosco e com nosso mundo. Poderíamos treinar como despertar nossa coragem e nosso amor.

Existem tanto métodos formais quanto informais para nos auxiliar a cultivar essa coragem e essa ternura. Existem práticas para alimentar nossa capacidade de nos alegrarmos, de nos libertarmos, de amarmos e de vertermos uma lágrima. Existem aquelas que nos ensinam a permanecermos abertos à incerteza. Existem outras que nos ajudam a nos mantermos presentes em momentos nos quais, habitualmente, nos fecharíamos.

Onde quer que estejamos, podemos nos treinar como guerreiros. As práticas de meditação, bondade amorosa, compaixão, alegria e equanimidade são as nossas ferramentas. Com o auxílio dessas práticas podemos expor o ponto sensível do *bodhichitta*. Vamos encontrar essa suavidade na tristeza e na gratidão. Vamos encontrá-la por trás da dureza da raiva e no tremor do medo. Ela está disponível tanto na solidão quanto na ternura.

Muitos de nós preferem práticas que não lhes causem desconforto e, no entanto, ao mesmo tempo, desejam ser curados. Mas o treinamento do *bodhichitta* não funciona dessa maneira. Um guerreiro aceita que nunca podemos saber o que irá acontecer conosco em seguida. Podemos tentar controlar o incontrolável, tentando encontrar segurança e previsibilidade, sempre na esperança de ficarmos confortáveis e seguros. Mas, na verdade, nunca podemos evitar a incerteza. Esse não-saber é parte da aventura e é, também, o que nos faz ter medo.

O treinamento do *bodhichitta* não oferece a promessa de finais felizes. Em vez disso, esse "eu" que deseja encontrar segurança – que quer algo a que se agarrar – pode, finalmente, aprender a crescer. A questão central do treinamento do guerreiro não é de como evitamos a incerteza e o medo, mas de como nos relacionamos com o desconforto. Como é que praticamos com a dificuldade, com as nossas emoções, com os embates imprevisíveis de um dia normal?

Com muita freqüência, nos comportamos como pássaros tímidos que não ousam deixar o ninho. Ficamos sentados em um ninho que está se tornando bastante malcheiroso e que já há muito tempo não tem mais servido à sua função. Ninguém chega para nos alimentar. Ninguém nos está protegendo e nos mantendo aquecidos. E, ainda assim, mantemos a esperança de que a mamãe pássaro irá retornar.

Poderíamos fazer-nos o favor supremo e, finalmente, abandonar esse ninho. É óbvio que, para isso, é necessário coragem. Também está claro que poderíamos usar algumas dicas úteis. Podemos duvidar que estejamos aptos a sermos guerreiros em treinamento. Mas podemos nos fazer a seguinte pergunta: "Eu prefiro crescer e me relacionar diretamente com a vida ou vou escolher viver e morrer com medo?"

Todos os seres possuem a capacidade de sentir ternura – de ter o coração partido, sentir dor e incerteza. Portanto, o coração iluminado do *bodhichitta* está disponível em todos nós. O mestre de "meditação de *insight*", Jack Kornfeld, conta ter testemunhado isto na época do Khmer Vermelho, no Camboja. Cinqüenta mil pessoas haviam se tornado comunistas sob a ameaça de armas, ameaçadas de morte se continuassem com suas práticas budistas. Apesar do perigo, um templo foi criado no campo de refugiados e vinte mil pessoas compareceram à cerimônia de inauguração. Não houve sermões ou preces mas, simplesmente, o contínuo entoar de um dos ensinamentos centrais do Buda:

> O ÓDIO NUNCA TERMINA PELO ÓDIO,
> MAS SOMENTE PELO AMOR ELE É CURADO.
> ESTA É UMA LEI ANTIGA E ETERNA.

Milhares de pessoas cantaram e choraram, sabendo que a verdade dessas palavras era ainda maior do que o seu sofrimento.

O *bodhichitta* possui esse tipo de poder. Ele nos irá inspirar e apoiar nos bons e maus momentos. É como descobrir uma sabedoria e uma coragem que nem mesmo sabíamos que tínhamos. Da mesma maneira que a alquimia transmuda qualquer metal em ouro, o *bodhichitta* pode, se o permitirmos, transformar qualquer atividade, palavra ou pensamento em um veículo para despertar a nossa compaixão.

DOIS

SERVIR-SE DA FONTE

Um ser humano é parte de um todo que chamamos "o universo", uma parte limitada no espaço e no tempo. Ele sente a si próprio, seus pensamentos e emoções, como algo separado do resto – um tipo de ilusão de ótica da consciência. Para nós, essa ilusão é uma espécie de prisão, restringindo-nos a nossos desejos e afeições pessoais para com algumas pessoas mais próximas. Nossa tarefa deve ser a de nos libertarmos dessa prisão, ampliando nosso círculo de compreensão e compaixão, de modo que possa incluir em sua beleza todas as criaturas viventes e a totalidade da natureza.

– ALBERT EINSTEIN

Quando estávamos cavando as fundações para o centro de retiro, em Gampo Abbey, atingimos um leito rochoso e uma pequena rachadura apareceu. Um minuto mais tarde, começou a fluir água. Uma hora depois, o fluxo era mais forte e a rachadura tinha se alargado.

Assim é encontrar a bondade fundamental do *bodhichitta* – servir-se de uma fonte de água que esteve temporariamente presa dentro de rocha sólida. Quando tocamos o cerne da tristeza; quando nos sentamos com o desconforto, sem tentar remediá-lo; quando nos mantemos presentes na dor da desaprovação ou da traição e permitimos que ela nos suavize, é nesses momentos que fazemos a conexão com o *bodhichitta*.

Servir-se desse local trêmulo e delicado traz um efeito transformador. Estar nesse local pode parecer incerto e inseguro, mas é também um grande alívio. Somente permanecer lá, mesmo que só por um momento, traz a sensação de um genuíno ato de bondade para com nós mesmos.

Sermos suficientemente compassivos a ponto de aceitarmos nossos próprios medos exige coragem, é claro, e isso definitivamente parece contra-intuitivo. Mas é o que precisamos fazer.

É difícil saber se devemos rir da condição humana ou chorar por ela. Aqui estamos, com tanta sabedoria e ternura e – sem nem mesmo percebermos – as escondemos, para nos proteger da insegurança. Apesar de termos potencial para sentir a liberdade de uma borboleta, misteriosamente, preferimos o pequeno e amedrontado casulo do ego.

Uma amiga estava me contando sobre seus pais idosos, na Flórida. Eles vivem em uma área onde há pobreza e dificuldades; a ameaça de violência parece bastante real. Seu modo de se relacionar com isso é viver em uma comunidade murada, protegida por cães de guarda e portões elétricos. Eles esperam, é claro, que nada de atemorizante entre lá. Infelizmente, os pais de minha amiga estão cada vez com mais medo de sair de dentro daqueles muros. Eles querem ir à praia ou ao campo de golfe mas estão apavorados demais para se mexerem. Agora, mesmo pagando a alguém para fazer as compras para eles, a sensação de insegurança está se tornando cada vez mais forte. Ultimamente, eles se tornaram paranóicos até mesmo a respeito daquelas pessoas que têm permissão para atravessar os portões: as pessoas que consertam aparelhos danificados, os jardineiros, os encanadores e os eletricistas. Por seu isolamento, eles estão se tornando incapazes de lidar com um mundo imprevisível. Essa é uma analogia muito próxima de como funciona o ego.

Como disse Albert Einstein, a tragédia de nos sentirmos separados do resto do mundo é que essa ilusão se transforma em uma prisão. E, mais triste ainda, nos tornamos cada vez mais amedrontados com a possibilidade da liberdade. Quando as barreiras desmoronam, não sabemos o que fazer. Precisamos ser prevenidos sobre qual é a sensação, quando as paredes começam a ruir. Precisamos que nos digam que medo e temor são companheiros do crescer e que é preciso coragem para soltar-se. Não é possível encontrar a coragem para ir aos lugares que nos assustam sem uma investigação compassiva sobre como funciona o ego. Então nos perguntamos: "O que devo fazer quando sinto que não sou capaz de lidar com o que acontece? Onde devo procurar forças e em que devo depositar minha confiança?"

O Buda ensinou que flexibilidade e abertura trazem força e que fugir da insegurança nos enfraquece e traz a dor. Mas será que compreendemos que a chave está em nos familiarizarmos com a fuga? A abertura não vem de resistirmos aos nossos medos, mas sim de passarmos a conhecê-los bem.

Em vez de atacarmos aquelas muralhas e barreiras com uma marreta, prestamos atenção a elas. Com gentileza e honestidade, nos aproximamos daqueles muros. Nós os tocamos, cheiramos e passamos a conhecê-los bem. Começamos um processo de reconhecimento das nossas aversões e anseios. Familiarizamo-nos com as estratégias e crenças que utilizamos para construir as muralhas: Quais são as histórias que conto para mim mesmo? O que me afasta e o que me atrai? Começamos a ficar curiosos sobre o que está acontecendo. Sem chamar o que vemos de certo ou errado, simplesmente olhamos, tão objetivamente quanto conseguimos. Podemos nos observar com humor, sem ficarmos demasiadamente sérios, moralistas ou constrangidos a respeito dessa investigação. Ano após ano, treinamos para nos tornarmos abertos e receptivos ao que quer que ocorra. Devagar, muito lentamente, as rachaduras nos muros parecem se alargar e, como em um passe de mágica, o *bodhichitta* passa a fluir livremente.

Um ensinamento que nos ajuda nesse processo de desbloquear o *bodhichitta* é o dos três senhores do materialismo. Essas são as três maneiras com as quais nos protegemos deste mundo fluido, mutável; três estratégias que empregamos para nos garantir a ilusão de segurança. Esse ensinamento nos encoraja a nos familiarizarmos amplamente com as estratégias do ego, para que possamos ver claramente como continuamos a procurar conforto e facilidades, usando maneiras que somente fazem reforçar nossos medos.

O primeiro dos três senhores do materialismo é chamado de senhor da forma. Ele representa como esperamos que algo, do exterior, nos proporcione um solo firme. Podemos começar a prestar atenção aos nossos métodos de fuga. O que faço quando me sinto ansioso e deprimido, entediado ou solitário? Minha solução é a "terapia das compras"? Ou me volto para o álcool ou para a comida? Eu me animo com drogas, sexo, ou procuro aventura? Eu prefiro retirar-me para a beleza da natureza ou para o mundo delicioso que um livro realmente bom oferece? Eu preencho o espaço fazendo ligações telefônicas, surfando na Internet ou assistindo à TV por horas? Alguns desses métodos são perigosos, alguns são divertidos e alguns são bastante benignos. O ponto é que podemos fazer uso inadequado de qualquer substância ou atividade, somente para fugir da insegurança. Quando nos viciamos no senhor da forma estamos criando as causas e condições para a escalada do sofrimento. Não conseguimos qualquer satisfação duradoura, por mais que tentemos. Pelo contrário, exatamente aqueles sentimentos dos quais tentamos fugir tornam-se mais fortes.

Uma analogia tradicional da dor causada pelo senhor da forma é a de um camundongo que é pego em uma ratoeira porque não pode resistir ao desejo de comer o queijo. O Dalai-Lama oferece uma variante interessante dessa analogia. Ele diz que quando criança, no Tibete, costumava tentar capturar camundongos, não porque quisesse matá-los, mas porque queria ser mais esperto do que eles. Ele diz que os camundongos, no Tibete, devem ser mais espertos do que os camundongos comuns, porque ele nunca conseguiu capturar nenhum. Eles se tornaram, então, seus modelos de uma conduta iluminada. Ele acredita que, diferentemente da maioria de nós, eles chegaram à conclusão de que a melhor coisa que eles poderiam fazer para si mesmos era conter o prazer imediatista de comer o queijo para conseguir o prazer duradouro de continuar vivendo. Ele nos encoraja a seguir esse exemplo.

Não importando como sejamos apanhados, nossa reação normal não é ficarmos curiosos sobre o que está ocorrendo. Normalmente, não investigamos as estratégias do ego. A maioria de nós simplesmente procura, cegamente, por algo familiar, que associamos com alívio, e depois fica imaginando porque continuamos insatisfeitos. A abordagem radical da prática do *bodhichitta* é prestar atenção ao que fazemos. Sem julgamento, treinamos para reconhecer, gentilmente, o que quer que esteja ocorrendo. Eventualmente, podemos chegar a decidir que não queremos mais nos ferir pelo emprego das mesmas velhas maneiras.

O segundo dos três senhores do materialismo é o senhor da fala. Este senhor representa como usamos nossas crenças, de todos os tipos, para nos dar a ilusão de certeza sobre a natureza da realidade. Quaisquer dos "ismos" – político, ecológico, filosófico ou espiritual – podem sofrer abusos, dessa maneira. "Politicamente correto" é um bom exemplo de como opera este senhor. Quando acreditamos na correção de nossa visão, podemos ser muito preconceituosos e tacanhos a respeito das falhas das outras pessoas.

Como eu reajo, por exemplo, quando minhas crenças sobre o governo são contestadas? E quando os outros não concordam com minha opinião sobre a homossexualidade, ou sobre os direitos das mulheres, ou sobre o meio ambiente? O que acontece quando minhas idéias sobre fumar ou beber são desafiadas? O que eu faço quando minhas convicções religiosas não são compartilhadas?

Praticantes novatos freqüentemente adotam a meditação ou os ensinamentos budistas com um entusiasmo apaixonado. Sentimo-nos fazendo parte de um novo grupo, felizes por termos uma nova perspectiva. Mas, por causa disto, julgamos as pessoas que vêem o mundo de forma diferente? Fechamos nossa mente aos outros porque eles não crêem em carma?

O problema não está nas crenças propriamente ditas, mas em como as usamos para conseguir sustentação sob nossos pés, como as usamos para sentir que estamos certos e que alguma outra pessoa está errada, como as usamos para evitar o sentimento de intranqüilidade de não saber o que está se passando. Isso me lembra um colega que conheci nos anos 60, cuja paixão era protestar contra a injustiça. Toda vez que um conflito parecia prestes a ser resolvido ele mergulhava em uma espécie de melancolia. Quando surgia uma nova causa para revolta, ele se animava outra vez.

Jarvis Jay Masters é um budista amigo meu, que vive no "corredor da morte". Em seu livro *Finding Freedom* (Encontrando a liberdade), ele conta uma história do que acontece quando somos seduzidos pelo senhor da palavra.

Uma noite, ele estava sentado em sua cama, lendo, quando seu vizinho, Omar, gritou: "Ei, Jarvis, ligue a TV no canal sete." Jarvis já estava com a TV ligada, mas sem o som. Ele olhou e viu uma porção de pessoas enraivecidas, agitando os braços no ar. Ele disse: "Ei, Omar, o que está acontecendo?" E seu vizinho lhe contou: "É a Ku Klux Klan, Jarvis, eles estão gritando e vociferando sobre como tudo é culpa dos negros e dos judeus."

Alguns minutos mais tarde, Omar gritou: "Ei, veja o que está acontecendo agora." Jarvis olhou para a TV e viu um grande grupo de pessoas marchando, agitando placas e sendo presas. Ele disse: "Só de olhar para eles, posso dizer que eles estão realmente bravos com alguma coisa. O que está acontecendo com todas essas pessoas?" Omar disse: "Jarvis, esta é uma demonstração de ambientalistas. Eles estão exigindo que termine o corte de árvores, a matança de focas e tudo o mais. Você vê aquela mulher enfurecida, ao microfone, e todas aquelas pessoas gritando?"

Dez minutos mais tarde, Omar chamou novamente: "Ei, Jarvis! Você ainda está assistindo? Você consegue ver o que está acontecendo agora?" Jarvis olhou e, dessa vez, ele viu uma porção de pessoas bem-vestidas, de terno, que pareciam estar realmente revoltadas com alguma coisa. Ele disse: "Qual é o problema com esses caras?" E Omar respondeu: "Jarvis, aquele é o presidente e os senadores dos Estados Unidos e eles estão brigando e discutindo, bem na frente da TV, em rede nacional, cada um tentando convencer o público de que o outro é o culpado por essa terrível situação econômica."

Jarvis disse: "Bem, Omar, eu certamente aprendi algo interessante hoje. Quer estejam vestidos com fantasias da Klan, roupas de ambientalistas ou ternos bastante caros, todas essas pessoas têm as mesmas expressões raivosas."

Ser pego pelo senhor da palavra pode começar com apenas uma razoável convicção sobre aquilo que sentimos ser verdadeiro. No entanto, se percebermos que estamos sendo tomados por uma justa indignação, este é um sinal claro de que já fomos longe demais e que nossa capacidade de causar alguma mudança estará comprometida. Crenças e ideais se tornaram somente uma outra maneira de erigir muralhas.

O terceiro senhor, o senhor da mente, usa a estratégia mais sutil e sedutora de todas. O senhor da mente entra em cena quando tentamos evitar a inquietação apelando para estados mentais especiais. Podemos usar as drogas, dessa maneira. Podemos usar o esporte. Podemos usar o ato de nos apaixonarmos. Podemos usar práticas espirituais. Existem muitas maneiras de se obterem estados alterados da mente. Esses estados especiais viciam. Libertarmo-nos de nossa experiência mundana é uma sensação tão boa! Queremos mais. Meditadores novatos, por exemplo, freqüentemente esperam, com treinamento, poder transcender o sofrimento da vida normal. É um desapontamento, para dizer o mínimo, ser instruído a tocar na parte mais densa das coisas, a permanecer aberto e receptivo tanto ao tédio quanto à felicidade.

Às vezes, inesperadamente, as pessoas têm experiências surpreendentes. Uma advogada me contou, recentemente, que, enquanto esperava o sinal abrir, de pé em uma esquina, uma coisa extraordinária lhe aconteceu. De repente, seu corpo se expandiu até ela o sentir do tamanho de todo o universo. Instintivamente, ela sentiu que ela e o universo eram uma coisa só. Ela não teve qualquer dúvida de que isso era verdade. Ela soube que não era separada de tudo o mais, como assumira anteriormente.

É desnecessário dizer que essa experiência abalou todas as suas crenças e a fez questionar o que fazemos com nossa vida, gastando tanto tempo na tentativa de proteger a ilusão de nosso território pessoal. Ela compreendeu como essa condição conduz às guerras e à violência, que estão aumentando em todo o mundo. O problema apareceu quando ela começou a se apegar à sua experiência, quando ela a quis de volta. A percepção normal não a satisfazia mais: ela ficava se sentindo atormentada e desconectada. Ela sentia que, se não conseguisse permanecer naquele estado alterado, seria melhor morrer.

Nos anos 60, conheci pessoas que tomavam LSD todos os dias, acreditando que poderiam manter aquele estado. Em vez disto, eles fritaram seus cérebros. Eu ainda conheço homens e mulheres que são viciados em se apaixonar. Como Don Juan, eles não suportam quando o brilho inicial começa a diminuir; eles estão sempre procurando alguém novo.

Mesmo que experiências extraordinárias possam nos mostrar a verdade e nos informar sobre o porquê de estarmos treinando, elas, essencialmente, não são grande coisa. Se não pudermos integrá-las nos altos e baixos de nossa vida, se nos agarrarmos a elas, elas irão nos atrapalhar. Podemos confiar em que nossas experiências são válidas, mas, então, temos que ir adiante e aprender a nos relacionar com nossos vizinhos. Então, mesmo os mais extraordinários *insights* podem começar a permear nossas vidas. Como disse Milarepa, o iogue tibetano do século doze, quando ouviu as experiências extraordinárias de seu discípulo Gampopa: "Elas não são boas nem más. Continue meditando." O problema não são os estados especiais, mas a sua capacidade de viciar. Como é inevitável que tudo que sobe precisa descer, ao nos refugiarmos no senhor da mente estaremos condenados ao desapontamento.

Cada um de nós possui uma variedade de táticas habituais para evitar a vida como ela é. Em resumo, essa é a mensagem dos três senhores do materialismo. Parece que esse ensinamento simples é a autobiografia de todos. Quando usamos essas estratégias, nos tornamos menos capazes de gozar a ternura e a maravilha disponíveis nas ocasiões mais comuns. Conectar-se com o *bodhichitta* é comum.

Se não fugirmos das incertezas do dia-a-dia, podemos entrar em contato com o *bodhichitta*. É uma força natural que deseja emergir. De fato, ela não pode ser detida. Uma vez que deixemos de bloqueá-la com as estratégias do ego, a água renovadora do *bodhichitta* começará, definitivamente, a fluir. Podemos retardá-la. Podemos represá-la. No entanto, assim que houver uma abertura, o *bodhichitta* sempre aparecerá, como aquelas ervas e flores que nascem nas calçadas logo que aparece uma rachadura.

TRÊS

OS FATOS DA VIDA

Uma nova atitude começa a acontecer quando olhamos para ver que ontem era ontem e que, agora, ontem se foi; hoje é hoje e, agora, hoje é novo. É assim - cada hora, cada minuto está mudando. Se deixamos de observar a mudança, deixamos de ver tudo como sendo novo.

– DZIGAR KONGTRUL RINPOCHE

O Buda ensinou que existem três características principais da existência humana: impermanência, não-ego e sofrimento ou insatisfação. De acordo com o Buda, a vida de todos os seres está marcada por essas três qualidades. Reconhecer essas qualidades como reais e verdadeiras, em nossa própria experiência, nos ajuda a relaxar com as coisas como elas realmente são.

Da primeira vez que ouvi esse ensinamento, ele me pareceu acadêmico e distante. Mas, quando fui encorajada a prestar atenção – ser curiosa sobre aquilo que estava acontecendo com meu corpo e minha mente –, alguma coisa mudou. Pude observar, por experiência própria, que nada é estático. Meus humores estão constantemente mudando, como o clima. Eu, definitivamente, não estou no controle de quais pensamentos ou emoções vão surgir, nem posso impedir o seu fluxo. A imobilidade é seguida por movimento, o movimento retorna à imobilidade. Mesmo a mais persistente dor física, quando eu presto atenção a ela, muda como a maré.

Sou grata ao Buda por nos mostrar que aquilo contra o que lutamos, durante toda a nossa vida, pode ser visto como experiências normais. A vida *realmente*, continuamente, sobe e desce. As pessoas e situações *são* imprevisíveis, assim como tudo o mais. Todos conhecem a dor de receber aquilo que não se queria: santos, pecadores, vencedores e perdedores. Sinto gratidão que alguém tenha visto a verdade e mostrado que não sofremos esse tipo de dor por causa de nossa inabilidade pessoal de fazer as coisas direito.

Que nada é estático ou fixo, que tudo é fugaz e impermanente é a primeira marca da existência. É o estado normal das coisas. Tudo está em processo. Tudo – cada árvore, cada folha de grama, todos os animais, insetos, seres humanos, edifícios; os animados e os inanimados – está sempre em mudança, momento a momento. Não precisamos ser místicos ou físicos para saber disso. No entanto, no nível da percepção pessoal, resistimos a esse fato básico. Isso significa que nem sempre a vida nos será favorável. Significa que haverá perdas, assim como ganhos. E não gostamos disso.

Certa vez, eu estava mudando de emprego e de residência, ao mesmo tempo. Eu me sentia insegura, incerta e "sem chão". Na esperança que ele dissesse algo que pudesse me ajudar a lidar com essas mudanças, queixei-me a Trungpa Rinpoche sobre ter problemas com transições. Ele me olhou, de modo um pouco inexpressivo, e disse: "Estamos sempre em transição." Depois, ele disse: "Se você puder simplesmente relaxar com isso, você não terá problemas."

Sabemos que tudo é impermanente; sabemos que tudo se desgasta. Apesar de podermos, intelectualmente, aceitar essa verdade, emocionalmente sentimos uma aversão profundamente enraizada a ela. Queremos a permanência; esperamos a permanência. Nossa tendência natural é procurar a segurança; acreditamos que podemos encontrá-la. Sentimos a impermanência, no dia-a-dia, como frustração. Usamos nossas atividades diárias como um escudo contra a ambigüidade fundamental de nossa situação, gastando uma tremenda energia para tentar manter afastadas a impermanência e a morte. Não gostamos que nossos corpos mudem de forma. Não gostamos de envelhecer. Temos medo de rugas e de pele flácida. Usamos produtos para saúde como se, realmente, acreditássemos que *nossa* pele, *nosso* cabelo, *nossos* olhos e dentes possam, de algum modo, escapar miraculosamente da verdade da impermanência.

Os ensinamentos budistas aspiram nos libertar desse modo limitado de nos relacionarmos. Eles nos encorajam a relaxar, gradual e completamente, na verdade comum e óbvia da mudança. Reconhecer essa verdade não significa que estamos olhando o lado sombrio. Significa que estamos começando a entender que não somos os únicos que não conseguem manter as coisas nos trilhos. Não acreditamos mais que existam pessoas que tenham conseguido evitar a incerteza.

A segunda marca da existência é não-ego. Como seres humanos, somos tão impermanentes como tudo o mais. Cada célula de nosso corpo está em permanente mudança. Os pensamentos e as emoções surgem e desaparecem sem cessar. Quando pensamos que somos competentes ou que não temos futuro – no que nos baseamos? Neste momento fugaz? No sucesso ou fracasso de ontem? Apegamo-nos a uma idéia fixa de quem somos, e isso nos limita. Nada nem ninguém é fixo. Faz muita diferença se a realidade da mudança é, para nós, uma fonte de liberdade ou uma fonte de horrível ansiedade. Os dias de nossa vida acrescentam mais sofrimento ou maior capacidade de alegria? Esta é uma questão importante.

Algumas vezes, não-ego é chamado de *não-eu*. Essas palavras podem ser enganosas. O Buda não estava sugerindo que desaparecêssemos – ou que pudéssemos apagar a nossa personalidade. Como perguntou, certa vez, um discípulo: "Experimentar o não-ego não faz a vida tornar-se meio sem graça?" Não é bem assim. O Buda estava mostrando que a idéia fixa que fazemos de nós mesmos, de sermos sólidos e separados uns dos outros, é dolorosamente limitante. É possível passarmos pelo drama de nossas vidas sem acreditarmos tão seriamente no personagem que estamos representando. É um problema, para nós, que nos levemos tão a sério e que, em nossa própria mente, sejamos tão absurdamente importantes. Sentimo-nos justificados por estarmos irritados com tudo. Sentimo-nos justificados por nos depreciarmos ou por sentirmos que somos mais espertos do que as outras pessoas. A auto-importância nos faz mal, limitando-nos ao estreito mundo dos nossos gostos e desgostos. Terminamos terrivelmente entediados com nós mesmos e com o mundo. Acabamos nunca satisfeitos.

Temos duas alternativas: ou questionamos nossas crenças – ou não. Ou aceitamos nossas versões fixas da realidade – ou começamos a questioná-las. Na opinião do Buda, treinar para permanecermos abertos e curiosos – treinar na dissolução de nossas suposições e crenças – é o melhor uso que podemos fazer das nossas vidas humanas.

Quando treinamos para despertar o *bodhichitta,* estamos alimentando a flexibilidade de nossa mente. Nos termos mais comuns, não-ego é uma identidade flexível. Ela se manifesta como curiosidade, adaptabilidade, humor, comportamento lúdico. É a nossa capacidade de relaxar no "não-saber", sem desvendar tudo até o fim, sem estar absolutamente certo sobre quem somos – ou quem qualquer outra pessoa seja, também.

O único filho de um homem foi dado como morto em batalha. Inconsolável, o homem se trancou em casa durante três semanas, recusando qualquer apoio e conforto. Na quarta semana, o filho voltou para casa. Vendo que ele não estava morto, as pessoas da cidade se emocionaram até as lágrimas. Em júbilo, acompanharam o jovem até a casa de seu pai e bateram na porta. "Pai", disse o filho, "eu voltei." Mas o velho se recusou a responder. "Seu filho está aqui, ele não foi morto", disseram as pessoas. Mas o velho não veio até a porta. "Vão embora e deixem-me com minha dor!", ele gritou. "Eu sei que meu filho se foi para sempre e vocês não podem me enganar com suas mentiras."

Assim é com todos nós. Temos certeza de quem somos e de quem são os outros, e isso nos cega. Se uma outra versão da realidade vem bater à nossa porta, nossas idéias fixas nos impedem de aceitá-la.

Como vamos usar esse breve período de vida que temos? Vamos reforçar nossa aperfeiçoada habilidade de lutar contra a incerteza, ou vamos nos treinar para aceitá-la? Vamos, teimosamente, nos agarrar a "Sou desta maneira e você é daquela"? Ou vamos ultrapassar essa mente estreita? Poderíamos começar a nos treinar como guerreiros, aspirando reconectar-nos com a flexibilidade natural de nosso ser e ajudar os outros a fazerem o mesmo? Se começarmos a nos mover nessa direção, ilimitadas possibilidades começarão a se abrir.

O ensinamento de não-ego mostra nossa natureza dinâmica, mutável. Este corpo nunca se sentiu exatamente como está se sentindo agora. Esta mente está tendo um pensamento que, mesmo parecendo repetido, ela nunca mais terá. Eu poderia dizer: "Isto não é maravilhoso?" Mas, normalmente, não sentimos isso como maravilhoso; nós o sentimos como enervante e lutamos desesperadamente por um apoio. O Buda foi generoso o suficiente ao nos mostrar uma alternativa. Não estamos aprisionados na identidade do sucesso ou do fracasso, ou em qualquer outra identidade, quer seja em termos de como os outros nos vêem ou em como nós mesmos nos vemos. Cada momento é único, desconhecido, completamente novo. Para um guerreiro em treinamento, o não-ego é motivo de júbilo, em vez de medo.

A terceira marca da existência é o sofrimento, a insatisfação. Como disse Suzuki Roshi, a verdadeira força somente é adquirida por meio da prática, através de uma contínua sucessão de situações agradáveis e desagradáveis. Aceitar que a dor é inerente e viver nossas vidas a partir dessa compreensão é criar as causas e condições para a felicidade.

Para simplificar, sofremos ao resistir à nobre e irrefutável verdade da impermanência e da morte. Sofremos, não porque somos basicamente maus, ou porque merecemos ser punidos, mas por causa de três trágicos mal-entendidos.

Primeiro, esperamos que aquilo que está em constante mudança seja previsível e possa ser aprisionado. Nascemos com uma ânsia por resolução e segurança que governa nossos pensamentos, palavras e ações. Somos como pessoas em um barco que está se despedaçando, tentando nos agarrar à água. O fluxo dinâmico, energético e natural do universo não é aceitável para a mente convencional. Nossos preconceitos e vícios são padrões que afloram do medo de um mundo fluido. Ao tomarmos de forma errada por permanente o que é mutável, nós sofremos.

Em segundo lugar, procedemos como se fôssemos separados de todo o resto, como se fôssemos uma identidade permanente, quando, na verdade, nossa verdadeira situação é "sem-ego". Insistimos em ser Alguém, com A maiúsculo. Conseguimos segurança ao nos definirmos como alguém indigno ou digno, superior ou inferior. Desperdiçamos valioso tempo exagerando, romanceando ou depreciando a nós mesmos, com a certeza complacente de que sim, isto é quem somos. Confundimos a abertura de nosso ser – a maravilha e a surpresa inerente a cada momento – com um "eu" sólido, irrefutável. Por causa dessa confusão, nós sofremos.

Em terceiro lugar, procuramos a felicidade sempre nos lugares errados. O Buda chamou esse hábito de "confundir sofrimento com felicidade", como uma mariposa que voa para a chama. Como sabemos, as mariposas não são as únicas que estão dispostas a se destruir na tentativa de alcançar um alívio temporário. Em termos de como procuramos a felicidade, somos como o alcoólatra, que bebe para eliminar a depressão que cresce a cada gole, ou do drogado, que se droga para conseguir alívio do sofrimento que aumenta a cada dose.

Uma amiga que está sempre fazendo regime observou que esse ensinamento seria mais fácil de seguir se nossos vícios não oferecessem um alívio temporário. Como sentimos, com eles, uma satisfação temporária, continuamos sendo fisgados. Ao repetir nossa procura por gratificações instantâneas, com vícios de todo tipo – alguns aparentemente benignos, alguns obviamente letais –, continuamos a reforçar os velhos padrões de sofrimento. Reforçamos os padrões funcionais deturpados.

Tornamo-nos, então, cada vez menos capazes de suportar mesmo as menores inquietações ou desconfortos. Ficamos habituados a nos servirmos de algo para aliviar a inquietação do momento. O que começa como um ligeiro reposicionamento de energia – um pequeno aperto no estômago, uma vaga e indefinida sensação de que algo ruim está para acontecer – cresce para tornar-se um vício. Essa é a nossa maneira de tentar tornar a vida previsível. Por confundirmos o que sempre resulta em sofrimento com o que nos trará a felicidade, permanecemos presos ao hábito repetitivo de aumentar nossa insatisfação. Na terminologia budista, esse ciclo vicioso é chamado de *samsara*.

Quando começo a duvidar de que sou capaz de estar presente com a impermanência, o não-ego e o sofrimento, me animo com a lembrança bem-humorada de Trungpa Rinpoche de que não existe cura para o frio ou para o calor. Não existe cura para os fatos da vida.

Esse ensinamento sobre as três marcas da existência pode nos motivar a parar de lutar contra a natureza da realidade. Podemos parar de causar mal, aos outros e a nós mesmos, com nossos esforços para escaparmos das alternâncias entre prazer e dor. Podemos relaxar e ficar totalmente presentes em nossas vidas.

QUATRO

APRENDENDO A FICAR

A prática da meditação é considerada como uma boa e, de fato, excelente maneira de acabar com as guerras no mundo: a nossa própria guerra, bem como as guerras maiores.

– CHÖGYAM TRUNGPA RINPOCHE

Como espécie, nunca deveríamos subestimar nossa baixa tolerância ao desconforto. A novidade é que podemos utilizar o encorajamento para ficar com nossas vulnerabilidades. A meditação sentada é nosso apoio para aprender a fazê-lo. A meditação sentada, também conhecida como prática da "atenção-consciência", é o fundamento do treinamento do *bodhichitta*. É a base natural, o solo pátrio do guerreiro-*bodhisattva*.

A meditação sentada cultiva a bondade amorosa e a compaixão, as qualidades relativas do *bodhichitta*. Ela oferece uma maneira de nos aproximarmos de nossos pensamentos e emoções e de entrarmos em contato com nossos corpos. É um método para cultivar a amizade incondicional para com nós mesmos e para descerrar a cortina de indiferença que nos distancia do sofrimento dos outros. É o nosso veículo para aprendermos a ser uma pessoa verdadeiramente amorosa.

Gradualmente, através da meditação, começamos a notar que existem brechas em nosso diálogo interior. Experimentamos uma pausa, em meio à nossa contínua conversa com nós mesmos, como que acordando de um sonho. Reconhecemos a nossa capacidade de relaxar na clareza, no espaço e na consciência ilimitados que já existem em nossa mente. Experimentamos momentos de estar presente, exatamente aqui, que percebemos como simples, diretos e organizados.

Essa volta ao exato momento da nossa experiência é treinamento no *bodhichitta* incondicional. Por simplesmente estarmos aqui, relaxamos mais e mais, na dimensão aberta de nosso ser. Sentimos como se estivéssemos saindo de um mundo de fantasia e descobrindo a verdade pura e simples.

No entanto, não há nenhuma garantia de que a meditação sentada lhe será proveitosa. Podemos praticar durante anos, sem que ela penetre nosso coração e mente. Podemos usar a meditação para reforçar nossas falsas crenças de que ela nos protegerá do desconforto, nos acalmará, tornará realidade nossas esperanças e eliminará nossos medos. Isso acontece quando realmente não compreendemos qual a razão de estarmos praticando.

Por que meditamos? Esta é uma questão que seria sábio levantar. Por que nos preocuparíamos em passar algum tempo sozinhos com nós mesmos?

Em primeiro lugar, é bom esclarecer que meditar não é somente sentir-se bem. Pensar que é essa a razão de meditar é nos prepararmos para o fracasso. Acabaremos por acreditar que quase todas as vezes em que nos sentamos fazemos algo errado: mesmo o meditador mais experiente sente dores psicológicas e físicas. A meditação nos toma exatamente como somos, com nossa confusão e nossa sanidade. Essa completa aceitação de nós mesmos, como somos, é chamada de *maitri*, um relacionamento simples e direto com nós mesmos.

Tentar nos corrigir não ajuda. Implica luta e autodepreciação. Provavelmente, a principal maneira que usamos para reprimir o *bodhichitta* é nos depreciando.

Será que não mudar significa que vamos permanecer irados e dependentes até o dia de nossa morte? Esta é uma pergunta razoável. A longo prazo, tentar mudar a nós mesmos não funciona porque estaríamos resistindo à nossa própria energia. O auto-aperfeiçoamento pode apresentar resultados temporários, mas a transformação duradoura somente ocorre quando nos respeitamos como fonte de sabedoria e de compaixão. Como disse Shantideva, mestre budista do século oito, somos muito parecidos com uma pessoa cega que encontra uma jóia enterrada em um monte de lixo. Exatamente aqui, naquilo que gostaríamos de jogar fora, no que achamos repulsivo e amedrontador, descobrimos o calor e a claridade do *bodhichitta*.

Somente quando começamos a relaxar com nós mesmos é que a meditação se torna um processo de transformação. Somente quando nos relacionamos conosco, sem racionalização, sem aspereza, sem ilusão, é que podemos abandonar nossos padrões prejudiciais. Sem *maitri*, renunciar aos velhos hábitos se torna abusivo. Esse é um ponto importante.

Há quatro qualidades de *maitri* que cultivamos ao meditar: estabilidade, clareza de visão, percepção da nossa angústia emocional e atenção ao momento presente. Essas qualidades se aplicam não somente à meditação sentada, mas são essenciais para todas as práticas do *bodhichitta* e para nosso relacionamento com as situações difíceis da vida diária.

Estabilidade. Quando praticamos a meditação, estamos fortalecendo nossa capacidade de permanecermos estáveis com nós mesmos. Aconteça o que acontecer – dores nos ossos, tédio, sonolência ou os mais loucos pensamentos ou emoções –, desenvolvemos uma lealdade para com a nossa experiência. Apesar de muitos meditadores considerarem essa alternativa, não saímos correndo e gritando da sala de meditação. Em vez disso, reconhecemos esse impulso como um pensamento, sem rotulá-lo de certo ou de errado. Essa não é uma tarefa trivial. Nunca subestimamos nossa tendência de fugir quando nos sentimos incomodados.

Somos encorajados a meditar todos os dias, mesmo que por um curto período, para cultivarmos essa estabilidade para conosco. Meditamos em quaisquer circunstâncias – quer estejamos nos sentindo saudáveis ou doentes, quer estejamos de bom humor ou deprimidos, quer estejamos sentindo que nossa meditação está funcionando ou que está se desagregando. Ao continuar meditando, verificamos que a meditação não tem a ver com fazer algo direito ou com atingir algum estado ideal. É sobre sermos capazes de permanecer presentes, com nós mesmos. Torna-se cada vez mais claro que não nos libertaremos dos padrões autodestrutivos a menos que desenvolvamos uma compreensão compassiva sobre o que eles são.

Um aspecto da estabilidade é, simplesmente, estar em seu corpo. Como a meditação enfatiza o trabalho com a mente, é fácil você até mesmo esquecer que tem um corpo. Ao sentar-se, é importante que você relaxe em seu corpo e entre em contato com o que está acontecendo. Começando pelo topo de sua cabeça, você pode dedicar alguns minutos para tomar consciência de cada parte de seu corpo. Quando chegar aos lugares que estão doloridos ou tensos, você pode respirar, três ou quatro vezes, mantendo sua atenção naquela área. Quando chegar às solas de seus pés, você pode parar ou, se preferir, pode repetir essa varredura em seu corpo, indo de baixo para cima. Então, a qualquer momento, durante seu período de meditação, você poderá, rapidamente, sintonizar-se novamente com a sensação de estar em seu corpo. Por um momento, você poderá trazer sua consciência de volta ao estar exatamente aqui. Você está sentado. Há sons, odores, imagens, dores; você está respirando, para dentro e para fora. Você poderá se reconectar com seu corpo, dessa maneira, sempre que lhe ocorrer – talvez uma ou duas vezes durante uma sessão de meditação. E, então, retornar à técnica.

Durante a meditação, descobrimos a nossa inerente inquietação. Algumas vezes, nos levantamos e saímos. Algumas vezes permanecemos sentados, mas nosso corpo se torce e contorce e nossa mente viaja para longe. Isso pode ser tão incômodo que sentimos ser quase impossível ficar. No entanto, essa sensação nos ensina não somente sobre nós mesmos, mas também sobre o que significa ser humano. Todos nós extraímos segurança e conforto de um mundo imaginário de memórias, fantasias e planos. Na realidade, não queremos ficar com a nudez de nossa experiência presente. Ficar presente é contra a natureza. E é nesses momentos que somente a bondade e o senso de humor podem nos dar a força de que necessitamos para nos acalmar.

A instrução essencial é "Fique... fique... só fique". Aprender a ficar com nós mesmos, em meditação, é como treinar um cachorro. Se treinarmos um cão com pancadas, acabaremos por ter um cão obediente, mas muito inflexível e bastante aterrorizado. O cão poderá obedecer quando dissermos "Fica!", "Vem!", "Rola!" e "Senta!", mas ele também será neurótico e confuso. Em contraste, treinar com carinho resulta em alguém flexível e confiante, que não se tornará perturbado ao se defrontar com situações imprevisíveis e inseguras.

Então, sempre que vaguearmos, gentilmente nos encorajamos a "ficar" e a nos acomodar. Estamos ficando inquietos? Fica! Mente discursiva? Fica! O medo e a repugnância estão fora de controle? Fica! Os joelhos doem e as costas latejam? Fica! O que há para o almoço? Fica! O que é que eu estou fazendo aqui? Fica! Não agüento isto nem mais um minuto! Fica! É assim que se cultiva a estabilidade.

Visão clara. Após estarmos meditando por algum tempo, é comum sentir que estamos regredindo, em vez de estarmos despertando. "Até começar a meditar, eu era bem tranqüilo; agora, sinto que estou sempre inquieto." "Eu nunca sentia raiva; agora, acontece todo o tempo." Podemos nos queixar de que a meditação está arruinando nossas vidas, mas, de fato, essas experiências são um sinal de que estamos começando a ver com mais clareza. Por meio do processo de praticar a técnica todos os dias, entra ano e sai ano, começamos a nos tornar muito honestos com nós mesmos. Ver claramente é uma outra maneira de dizer que estamos nos iludindo menos.

O poeta *beat* Jack Kerouac, sentindo-se preparado para uma descoberta espiritual, escreveu a um amigo, antes de se retirar para a selva: "Se no Pico da Desolação eu não tiver uma visão, então meu nome não é William Blake." Mais tarde, ele escreveu sobre ter descoberto quão difícil é encarar a verdade nua. "Pensei que, em junho, quando atingisse o cume... e todos voltassem... eu estaria face a face com Deus, ou Tathagata [Buda], e descobriria, de uma vez por todas, qual o significado de toda essa existência e sofrimento... mas, em vez disso, fiquei face a face comigo mesmo, sem as bebidas, sem as drogas, sem chance de fingir, cara a cara com o velho Detestável... Eu."

A meditação requer paciência e *maitri*. Se esse processo de visão clara não estiver baseado em autocompaixão, ele se tornará um processo de auto-agressão. Precisamos da autocompaixão para estabilizar nossa mente. Precisamos dela para trabalhar com nossas emoções. Precisamos dela para podermos ficar.

Quando aprendemos a meditar, somos instruídos a nos sentar, em determinada posição, em uma almofada ou cadeira. Somos instruídos a tão-somente permanecer no momento presente, conscientes de nossa respiração, de expirar. Somos instruídos que, quando nossa mente vagueia, sem qualquer hostilidade ou julgamento de valor, devemos reconhecer isto como "pensando" e retornar à respiração. Treinamos retornar a este momento de estar presente. No processo de fazer isso, nossa nebulosidade, nossa confusão e nossa ignorância começam a se transformar em visão clara. *Pensando* se torna uma palavra-código para ver "somente aquilo que é" – tanto nossa clareza quanto nossa confusão. Não estamos tentando nos livrar dos pensamentos. Pelo contrário, estamos vendo claramente os mecanismos de defesa, as crenças negativas a respeito de nós mesmos, nossos desejos e expectativas. Também vemos nossa bondade, nossa coragem e nossa sabedoria.

Devido à prática regular da técnica de 'atenção-consciência', não conseguimos mais nos esconder de nós mesmos. Vemos, com clareza, as barreiras que erigimos para nos protegermos da experiência nua. Apesar de ainda associarmos as paredes que erigimos com segurança e conforto, começamos, também, a senti-las como uma restrição. Essa situação claustrofóbica é importante para um guerreiro. Ela marca o início do anseio por uma alternativa ao nosso mundo pequeno e familiar. Começamos a procurar por arejamento. Queremos dissolver as barreiras existentes entre nós e os outros.

Percepção de nossa angústia emocional. Muitas pessoas, incluindo praticantes de longa data, usam a meditação como um meio para escapar de emoções difíceis. É possível usar, erroneamente, o rótulo "pensamento" como uma maneira de afastar a negatividade. Independentemente de quantas vezes tenhamos sido instruídos para nos mantermos abertos para o que quer que surja, ainda podemos usar a meditação como repressão. A transformação somente ocorre quando nos lembramos, a cada expiração, ano após ano, de irmos ao encontro da nossa angústia emocional, sem condenar ou justificar nossa experiência.

Trungpa Rinpoche descreve a emoção como uma combinação de energia auto-existente e de pensamentos. A emoção não pode proliferar sem nossos diálogos interiores. Se estivermos zangados, ao nos sentarmos para meditar, somos instruídos a rotular nossos pensamentos como "pensando" e, então, deixá-los ir. Todavia, debaixo dos pensamentos, algo permanece – uma energia pulsante, vital. Não há nada de errado, nada de prejudicial nessa energia subjacente. Nossa prática é ficar com ela, experimentá-la e deixá-la como está.

Existem determinadas técnicas avançadas nas quais nossas emoções são intencionalmente estimuladas, através de pensar sobre pessoas ou situações que nos despertam sentimentos de raiva, luxúria ou medo. A prática consiste em deixar ir os pensamentos assim suscitados e ficar conectado diretamente com sua energia, perguntando a si mesmo: "Quem sou eu sem esses pensamentos?" O que fazemos com a prática da meditação é mais simples do que isto, mas eu o considero igualmente desafiador. Quando a angústia emocional chega sem ser convidada, deixamos que seu enredo se vá e permanecemos com a energia. Essa é uma experiência a ser sentida, não um comentário verbal sobre algo que acontece. Podemos sentir a energia em nosso corpo. Se pudermos ficar com ela, sem extravasá-la nem reprimi-la, ela nos desperta. As pessoas costumam dizer: "Eu caio no sono toda vez que medito. O que devo fazer?" Existem diversos antídotos para a sonolência, mas meu favorito é "Sentir raiva!".

Não permanecer na nossa energia é um hábito humano previsível. Reagir e reprimir são táticas que usamos para nos livrar de nosso sofrimento emocional. Por exemplo, quando com raiva, muitos de nós gritam para extravasar. Alternamos expressões de raiva com sentimentos de vergonha de nós mesmos ou, ainda, chafurdamos na culpa. Ficamos tão presos ao nosso comportamento repetitivo que nos tornamos peritos em nos auto-estimular. Desse modo, continuamos a reforçar nossas emoções dolorosas.

Uma noite, anos atrás, surpreendi meu namorado abraçando apaixonadamente uma outra mulher. Estávamos na casa de um amigo, que possuía uma coleção de cerâmica de valor inestimável. Eu estava furiosa e procurei alguma coisa para jogar nele. Tudo que eu pegava tinha que colocar de volta, porque valia, no mínimo, uns dez mil dólares. Eu estava completamente furiosa e não conseguia encontrar uma válvula de escape! Não havia alternativa a não ser sentir a minha própria energia. O absurdo da situação eliminou totalmente a minha raiva. Eu fui para fora, olhei para o céu e ri até chorar.

No budismo *vajrayana*, diz-se que a sabedoria é inerente às emoções. Quando lutamos contra nossa energia, estamos rejeitando a fonte da sabedoria. A raiva, sem sua fixação, nada mais é que a sabedoria da visão clara. O orgulho, sem uma fixação, é sentido como equanimidade. A energia da paixão, quando livre do apego, é sabedoria que enxerga todos os ângulos.

No treinamento do *bodhichitta* também damos as boas-vindas à energia viva das emoções. Normalmente, quando nossas emoções se intensificam, o que sentimos é medo. Esse medo está sempre à espreita, em nossas vidas. Na meditação sentada, praticamos abandonar qualquer história que estejamos contando para nós mesmos e nos inclinar para o lado das emoções e do medo. Dessa maneira, treinamos abrir nosso coração amedrontado à inquietação da nossa própria energia. Aprendemos a permanecer com a experiência da nossa angústia emocional.

Atenção para o momento presente. Outro fator que cultivamos no transformador processo da meditação é a atenção a este exato momento. Fazemos a escolha, momento a momento, de estarmos totalmente aqui. Ocupar-nos da nossa mente e corpo, do momento presente, é uma maneira de sermos gentis para conosco, com o outro e com o mundo. Essa qualidade da atenção é inerente à nossa capacidade de amar.

Voltar para o momento presente exige algum esforço, mas ele é bem leve. A instrução é para "tocar e deixar". Tocamos os pensamentos e, ao reconhecê-los como "pensamentos", os deixamos ir. É uma maneira de relaxar nosso esforço, é como tocar uma bolha de sabão com uma pluma. É uma abordagem não-agressiva do "estar presente".

Algumas vezes, descobrimos que gostamos tanto de nossos pensamentos que não queremos deixá-los ir. Assistir à nossa sessão interior de cinema é muito mais divertido do que trazer nossa mente de volta para casa. Não há dúvida de que nosso mundo de fantasia pode ser muito suculento e sedutor. Por isso treinamos para usar um esforço "suave" ao interromper nossos padrões habituais; em outras palavras, treinamos para cultivar a autocompaixão.

Praticamos a meditação para nos ligarmos à *maitri* e à abertura incondicional. Por deliberadamente não bloquearmos nada, por tocarmos diretamente os nossos pensamentos e, depois, deixá-los ir, com uma atitude de não dar grande importância, podemos descobrir que nossa energia fundamental é suave, saudável e nova. Podemos iniciar nosso treinamento como guerreiros descobrindo, por nós mesmos, que básico é o *bodhichitta*, não a confusão.

CINCO

AS MÁXIMAS DO GUERREIRO

Em todas as atividades, exercite-se com as máximas.

– MÁXIMA DE ATISHA PARA O TREINAMENTO DA MENTE

No século onze, Atisha Dipankara trouxe, da Índia para o Tibete, os ensinamentos completos do *bodhichitta*. Ele enfatizava especialmente o que chamou de ensinamentos *lojong*, os ensinamentos para o treinamento da mente. O atual desses ensinamentos é que eles nos mostram como transformar circunstâncias difíceis em um caminho para a iluminação; em nossa vida, as coisas que mais desgostamos são o "arroz com feijão" das práticas de treinamento da mente, propostas por Atisha. Usamos o que nos parece serem os maiores obstáculos – nossa raiva, nosso ressentimento, nossa irritação – para despertar o *bodhichitta*.

Durante algum tempo, após a morte de Atisha, esses ensinamentos foram mantidos em segredo, sendo passados somente a discípulos próximos. Eles só se tornariam amplamente conhecidos no século doze, quando o tibetano Geshe Chekawa os organizou sob a forma de cinqüenta e nove expressivas máximas. Elas são hoje conhecidas como as máximas *lojong* ou as máximas de Atisha. Familiarizar-se com essas máximas e trazê-las à mente, durante a vida, é uma valiosa prática do *bodhichitta*.*

Geshe Chekawa tinha um irmão que menosprezava os ensinamentos budistas e estava sempre criando problemas. No entanto, quando diversos leprosos que estudavam com Chekawa ficaram curados, seu irmão começou a se interessar sobre o que lhes estava sendo ensinado. Escondido, do lado de fora da porta de Chekawa, o irascível irmão começou a ouvir os ensinamentos sobre o uso de circunstâncias incômodas como caminho. Quando Chekawa começou a notar que seu irmão se tornava menos irritável, mais flexível e atencioso, percebeu que ele devia estar escutando e aplicando os ensinamentos de treinamento da mente. Foi então que ele decidiu ensinar as máximas *lojong* e torná-las mais conhecidas. Ele concluiu que, se elas eram capazes de ajudar seu irmão, poderiam ajudar qualquer um.

Normalmente, deixamo-nos arrastar pelo impulso habitual e não nos desviamos de nossos padrões, nem mesmo ligeiramente. Lembramo-nos de praticar quando nos sentimos traídos ou desapontados? Normalmente, não. Mas é justamente ali, no meio de nossa confusão, que as máximas de Atisha mais fazem sentir seu valor. A parte fácil é nos familiarizarmos com elas. Um desafio maior é nos lembrarmos de aplicá-las. Lembrar de uma máxima, bem no meio da irritação – por exemplo, "Sempre medite sobre tudo que provoca ressentimento" – pode nos fazer dar uma parada, antes de reagirmos ao nosso ressentimento e dizermos algo maldoso. Uma vez que se torne familiar, uma máxima como essa surgirá espontaneamente em nossa mente e nos lembrará de ficarmos com a energia emocional em vez de extravasá-la.

As máximas de treinamento da mente nos apresentam um desafio. Seremos capazes de lembrar de uma máxima que nos possa trazer de volta, quando estivermos fugindo do momento presente por meio de uma reação habitual? Em vez de sair a toda, podemos permitir que a intensidade emocional daquele momento tão quente, ou tão frio, nos transforme? A essência da prática das máximas é assumir a atitude de um guerreiro em relação ao desconforto. Ela nos encoraja a perguntar: "Como poderei praticar, agora, neste exato momento doloroso, e transformar isto no caminho do despertar?" Em qualquer dia comum da vida, temos muitas oportunidades de fazer essa pergunta.

A máxima "Treine-se nas três dificuldades" dá-nos a instrução de como interromper nossas reações habituais. As três dificuldades são: (1) reconhecer nossas neuroses como neuroses, (2) fazer algo diferente e (3) almejar continuar praticando dessa maneira.

Reconhecer que estamos totalmente desorientados é o primeiro e mais difícil passo em qualquer prática. É impossível nos libertarmos da confusão sem o reconhecimento compassivo de que estamos presos nela. "Fazer algo diferente" é qualquer coisa que interrompa o antigo hábito de, tenazmente, cedermos às nossas emoções. Então, fazemos qualquer coisa para anular a forte tendência que temos de fugir. Podemos permitir que o enredo se dissipe, conectando-nos com a energia subjacente, ou usar qualquer das práticas do *bodhichitta* descritas neste livro. Qualquer coisa não habitual serve – até mesmo cantar e dançar ou correr em volta do quarteirão. Fazemos qualquer coisa que não reforce os hábitos que nos incapacitam. A terceira prática difícil é lembrar que isso não é algo que fazemos somente uma ou duas vezes. Interromper nossos hábitos destrutivos e despertar o coração é trabalho para toda uma vida.

Essencialmente, a prática é sempre a mesma: em vez de sermos presa de uma reação em cadeia, de vingança ou autodestruição, gradualmente aprendemos a descartar o enredo, e ficamos com a energia emocional. É então que sentimos completamente a reação no corpo. Uma maneira de fazer isso é respirá-la para dentro do coração. Cultivamos a compaixão para conosco reconhecendo a emoção, abandonando qualquer história que estejamos contando para nós mesmos e sentindo a energia do momento. Podemos, então, levar isto um passo adiante. Podemos reconhecer que existem milhões que estão sentindo o mesmo que nós e respirando a emoção, por nós todos, desejando que possamos todos nos libertar da confusão e das reações habituais que nos limitam. Quando, com compaixão, pudermos reconhecer nossa própria confusão, poderemos ampliar essa compaixão para incluir os outros, que estão igualmente confusos. A mágica do treinamento do *bodhichitta* está nessa etapa de ampliar o círculo da compaixão.

A ironia é que aquilo que mais queremos evitar na vida é o elemento crucial para despertar o *bodhichitta*. É nesses suculentos pontos emocionais que um guerreiro adquire sabedoria e compaixão. É claro que, muito mais freqüentemente, vamos querer sair desses lugares ao invés de ficar neles. É por isso que autocompaixão e coragem são vitais. Permanecer na dor, sem bondade amorosa, é guerrear, somente.

Quando o chão estiver desmoronando, podemos nos lembrar da máxima:"Se puder praticar, mesmo quando distraído, você estará bem treinado." Se pudermos praticar quando estivermos ciumentos, ressentidos, desdenhosos ou quando nos odiarmos, então estaremos bem treinados. Novamente, praticar significa não continuar reforçando os padrões habituais que nos mantêm prisioneiros; significa fazer tudo que pudermos para sacudir e arejar nossa autojustificação e nosso sentimento de culpa. Fazemos o melhor que podemos para ficar com a força da energia, sem a extravasar ou reprimir. Ao fazermos isto, nossos hábitos se tornam mais insubstanciais.

Nossos padrões estão bem estabelecidos, são sedutores e reconfortantes. Somente desejar que eles sejam arejados não é o suficiente. Aqueles de nós que lutam com isto bem o sabem. Conscientização é a chave. Conseguimos ver as histórias que estamos contando para nós mesmos, e questionamos sua validade? Quando somos distraídos por uma forte emoção, nos lembramos que ela é o nosso caminho? Conseguimos sentir a emoção e respirá-la para dentro do coração, por nós mesmos e por todas as outras pessoas? Se conseguirmos nos lembrar de experimentar isso, mesmo que ocasionalmente, estaremos nos treinando como guerreiros. E, quando não conseguirmos praticar, por estarmos distraídos, mas *soubermos* que não podemos, ainda estaremos treinando bem. Nunca subestime o poder que existe em reconhecer compassivamente o que está se passando.

Quando estamos nos sentindo confusos sobre nossas palavras e ações e sobre o que causa danos ou não, a máxima "Dentre as duas testemunhas, fique com a principal" poderá aparecer, como que vindo do nada. Das duas testemunhas – nós e os outros – somos os únicos a conhecer a verdade completa sobre nós mesmos.

Algumas vezes, a maneira pela qual podemos ver a nossa ignorância é através da reação do mundo exterior. Os outros podem ser muito úteis ao nos mostrarem nossos pontos cegos. Principalmente se eles nos fizerem levar um susto. Seríamos sensatos se prestássemos atenção a seus *insights* e críticas. Mas, no final das contas, somos nós que sabemos o que se passa em nossos coração e mente. Nós é que ouvimos as nossas conversas internas, que sabemos quando nos retraímos ou nos sentimos inspirados.

Ao iniciarmos o treinamento, percebemos que temos sido bastante ignorantes a respeito do que estamos fazendo. Primeiro, percebemos que raramente somos capazes de relaxar no momento presente. Segundo, percebemos que construímos todo tipo de estratégias para evitar estarmos presentes, especialmente quando estamos com medo de que aquilo que está ocorrendo possa nos causar dor. Também percebemos nossa forte crença de que, se ao menos pudéssemos fazer tudo direito, seríamos capazes de encontrar um lugar protegido, confortável e seguro, para lá permanecermos pelo resto de nossas vidas.

Tendo crescido durante a década de 1950, por algum tempo eu pensei que o que via nas comédias de costumes da TV representava uma família típica. Todos se davam bem. Ninguém ficava bêbado ou tinha acessos de raiva. Nunca havia qualquer feiúra real. Ao assistirmos, muitos de nós pensávamos, é claro, que só as nossas famílias eram exceção à norma. A verdade continuou sem ser dita, favorecendo esse sonho americano.

Ao praticarmos, começamos a perceber a diferença entre a fantasia e a realidade. Quanto mais estáveis estivermos na nossa experiência, mais conscientes ficamos de quando começamos a nos fechar e a retrair. Percebemos quando estamos nos depreciando? Compreendemos de onde está vindo o desejo de agredir os outros? Aspiramos a não mais continuar trilhando esse mesmo velho caminho de autodestruição? Percebemos que esse sofrimento que sentimos é compartilhado por todos os seres? Temos algum desejo de que todos nós deixemos de plantar as sementes do sofrimento? Somente a "testemunha principal" sabe as respostas a essas perguntas.

Não podemos esperar nos surpreender toda vez que estivermos fugindo para uma reação habitual. Mas, quando começarmos a nos flagrar mais freqüentemente e a trabalhar na interrupção dos nossos padrões habituais, saberemos que o treinamento do *bodhichitta* está sendo internalizado. Vagarosamente, crescerá nosso desejo de ajudar, não só a nós mesmos mas também a todos os seres sencientes.

Portanto, em todas as atividades, e não somente algumas vezes, quando as coisas estiverem correndo bem, ou particularmente mal, exercite-se com as máximas do *bodhichitta*, de Atisha. Mas, lembre-se, "Não tente ser o mais rápido", "Abandone qualquer expectativa de resultado" e "Não espere aplauso".

---

* Veja mais informações sobre as máximas de treinamento da mente no apêndice, onde estão listadas as cinqüenta e nove máximas, bem como a lista dos livros sobre treinamento das máximas, na bibliografia.

SEIS

AS QUATRO QUALIDADES INCOMENSURÁVEIS

Que todos os seres sensíveis gozem da felicidade e da raiz da felicidade.
Que estejamos libertos do sofrimento e da raiz do sofrimento.
Que não estejamos apartados da grande felicidade destituída de sofrimento.
Que vivamos na grande equanimidade, livres da paixão, da agressão e do preconceito.

– O CANTO DAS QUATRO INCOMENSURÁVEIS

Depende de nós. Podemos passar nossa vida cultivando nossos ressentimentos e anseios ou podemos explorar o caminho do guerreiro – alimentando o desenvolvimento da mente aberta e da coragem. A maioria vive reforçando seus hábitos negativos e, assim, planta as sementes do próprio sofrimento. As práticas do *bodhichitta,* no entanto, são maneiras de plantar as sementes do bem-estar. As práticas de aspiração das quatro qualidades ilimitadas – bondade amorosa, compaixão, júbilo e equanimidade – são especialmente poderosas.

Nessas práticas, começamos próximos de nossa casa: exprimimos o desejo que nós e nossos entes queridos gozemos de felicidade e estejamos livres do sofrimento. Então, gradualmente, ampliamos essa aspiração para incluir um círculo cada vez mais amplo de relacionamentos. Começamos onde estamos, onde sentimos as aspirações como genuínas. Iniciamos por reconhecer onde já sentimos amor, compaixão, júbilo e equanimidade. Localizamos nossa sensação atual dessas quatro qualidades sem fronteiras, por mais limitadas que elas possam estar: em nosso amor pela música, nossa empatia com crianças, na alegria que sentimos ao receber boas notícias ou na equanimidade que sentimos quando estamos entre bons amigos. Mesmo se pensarmos que o que já sentimos é muito pouco, ainda assim devemos começar com o que temos e alimentar seu desenvolvimento. Não é necessário que seja grandioso.

Cultivar essas quatro qualidades nos garante percepção sobre a nossa experiência atual. Dá-nos compreensão sobre o estado da mente e do coração, no momento presente. Passamos a conhecer os sentimentos de amor, compaixão, júbilo e equanimidade, bem como seus opostos. Aprendemos como alguém se sente quando alguma dessas quatro qualidades está presa e como se sente quando ela está fluindo livremente. Nunca fingimos que sentimos algo que não estamos sentindo. A prática depende da inclusão da totalidade da nossa experiência. Ao nos tornarmos íntimos de como nos fechamos, e de como nos abrimos, despertamos nosso potencial ilimitado.

Apesar de começarmos essa prática desejando que nós mesmos e nossos entes queridos estejamos livres do sofrimento, podemos ter a sensação de estarmos falando algo "da boca para fora". Podemos sentir como falso até mesmo esse desejo compassivo referente aos que nos são mais próximos. Mas, desde que não nos estejamos enganando, esse desejo simulado tem o poder de despertar o *bodhichitta*. Apesar de sabermos exatamente o que sentimos, fazemos as aspirações com o objetivo de ultrapassar o que, no momento, nos parece possível. Após praticar para nós mesmos e para os que nos são próximos, vamos mais longe: enviamos boa vontade às pessoas neutras de nossas vidas e, também, às pessoas de quem não gostamos.

Podemos sentir que estamos exagerando e sendo falsos ao dizer, "Que esta pessoa que está me deixando louco goze de felicidade e esteja livre do sofrimento". Provavelmente, o que estamos verdadeiramente sentindo é raiva. Essa prática é como um exercício que força o coração além de suas capacidades atuais. Podemos esperar encontrar resistência. Descobrimos que temos nossos limites: podemos ficar abertos para algumas pessoas, mas permanecemos fechados para outras. Vemos tanto nossa clareza quanto nossa confusão. Estamos aprendendo, em primeira mão, o que qualquer um que tenha trilhado esse caminho já aprendeu: somos todos um paradoxal aglomerado de rico potencial, que consiste tanto em neurose como em sabedoria.

A prática da aspiração é diferente de fazer afirmações. Afirmações são como dizer a você mesmo que você é compassivo e corajoso, para esconder o fato de que, secretamente, você se sente um perdedor. Ao praticar as quatro qualidades ilimitadas, não estamos tentando nos convencer de coisa alguma, nem estamos tentando esconder nossos verdadeiros sentimentos. Estamos expressando nossa vontade de abrir o coração e de nos aproximarmos de nossos medos. A prática da aspiração nos ajuda a fazer isso em relacionamentos cada vez mais difíceis.

Se reconhecermos o amor, a compaixão, o júbilo e a equanimidade que sentimos agora, e os alimentarmos por meio dessas práticas, a expansão dessas qualidades ocorrerá por si só. O despertar das quatro qualidades fornece o calor necessário para que uma força sem limites se manifeste. Elas possuem o poder de afrouxar hábitos inúteis e derreter a rigidez gelada das nossas fixações e defesas. Não estamos nos forçando a sermos bons. Quando vemos o quão frios e agressivos podemos ser, não estamos pedindo que nos arrependamos. Em lugar disso, essas práticas de aspiração desenvolvem nossa capacidade de permanecermos estáveis com nossa experiência, seja ela qual for. Dessa maneira, conseguimos saber a diferença entre uma mente aberta e uma mente fechada, gradualmente desenvolvendo a autoconsciência e a bondade de que necessitamos para podermos beneficiar os outros. Essas práticas desbloqueiam nosso amor e nossa compaixão, nossa alegria e nossa equanimidade, liberando seu ilimitado potencial de expansão.

SETE

BONDADE AMOROSA

A paz entre nações deve se apoiar na sólida base do amor entre os indivíduos.

– MAHATMA GANDHI

Nossas tentativas pessoais de viver humanamente neste mundo nunca são desperdiçadas. A escolha de cultivar o amor, em vez da ira, pode ser justamente o que é preciso para salvar o planeta da extinção.

O que é que faz com que nossa boa vontade cresça e nossos preconceitos e ira diminuam? Esta é uma pergunta importante. Diz-se, tradicionalmente, que a raiz da agressão e do sofrimento é a ignorância. Mas o que é que estamos ignorando? Entrincheirados na visão estreita de nossas preocupações pessoais, o que ignoramos é o nosso parentesco com os outros. Uma das razões por que nos treinamos como guerreiros-*bodhisattva* é para reconhecer nossa condição de interligação – para desenvolver a compreensão de que quando fazemos mal aos outros estamos fazendo mal a nós mesmos. Então, treinamos para reconhecer nossa tensão. Treinamos para ver que os outros não são tão diferentes de nós. Treinamos a abertura do coração e da mente em situações cada vez mais difíceis.

Para um aspirante a *bodhisattva,* a prática essencial é cultivar a *maitri.* Nos ensinamentos Shambhala, isto é chamado de "colocar nossa mente do medo no berço da bondade amorosa". Outra imagem para *maitri,* ou bondade amorosa, é a da mãe-pássaro, que protege e cuida de seus filhotes até que eles estejam fortes o suficiente para voar. As pessoas, às vezes, perguntam, "Quem sou eu nesta imagem – a mãe ou os filhotes?". A resposta é que somos ambos: tanto a mãe amorosa quanto aqueles horríveis filhotinhos. A identificação com os filhotes é fácil – cegos, inexperientes e desesperados por atenção. Somos uma pungente mistura de algo que nem é tão bonito, mas que é muito amado. Quer essa seja nossa atitude para conosco ou para com os outros, ela é a chave para que aprendamos como amar. Permanecemos conosco e com os outros, quando estamos gritando por comida e não temos penas e, também, quando estamos mais crescidos e mais atraentes, pelos padrões mundanos.

Ao cultivarmos a bondade amorosa, primeiramente, treinamos para sermos honestos, amorosos e compassivos com nós mesmos. Em vez de alimentarmos a autodepreciação, começamos a cultivar uma bondade que vê claramente. Algumas vezes nos sentimos bons e fortes. Algumas vezes nos sentimos inadequados e fracos. Mas, como o amor maternal, a *maitri* é incondicional. Independentemente de como nos sentimos, podemos desejar ser felizes. Podemos aprender a agir e a pensar de modo que plantemos sementes para nosso futuro bem-estar, tornando-nos gradualmente mais conscientes daquilo que causa felicidade, bem como do que causa aflição. Sem bondade amorosa com nós mesmos é difícil, se não impossível, senti-la, genuinamente, em relação aos outros.

Passar da agressão à bondade amorosa incondicional parece ser uma tarefa assustadora. Mas começa-se com aquilo que nos é familiar. A instrução para cultivar a *maitri* ilimitada é de, primeiro, encontrar a ternura que já possuímos. Tocamos essa nossa gratidão ou reconhecimento – nossa já existente habilidade para sentir boa vontade. De maneira muito prática, entramos em contato com o ponto sensível do *bodhichitta*. Não vem ao caso se o encontramos na ternura do amor ou na vulnerabilidade da solidão. Se procurarmos por aquele ponto sensível, desguarnecido, sempre poderemos encontrá-lo.

Mesmo na dureza da raiva, por exemplo, se olharmos abaixo da superfície de agressão, geralmente encontraremos o medo. Há algo embaixo da solidez da raiva que sentimos como muito ferido e dolorido. Por baixo da atitude defensiva está a qualidade de coração partido, desprotegida, do *bodhichitta*. No entanto, em vez de sentirmos essa ternura, nossa tendência é nos fecharmos e nos protegermos contra o desconforto. Fecharmo-nos não é um problema. Na realidade, tomar consciência de quando o fazemos é uma parte importante do treinamento. O primeiro passo para cultivar a bondade amorosa é perceber quando estivermos levantando barreiras entre nós e os outros. Esse reconhecimento compassivo é essencial. A menos que entendamos – de maneira imparcial – que estamos endurecendo nosso coração, não existe possibilidade de dissolvermos aquela armadura. Sem dissolver a armadura, a bondade amorosa do *bodhichitta* é sempre contida. Estamos sempre obstruindo nossa inata capacidade de amar sem uma programação prévia.

Então, treinamos para despertar a bondade amorosa do *bodhichitta* em todos os tipos de relacionamentos, tanto nos de coração aberto quanto nos contidos. Todos esses relacionamentos se transformam em ferramentas, na descoberta da nossa capacidade de sentir e de expressar amor.

A prática formal da bondade amorosa, ou *maitri*, tem sete estágios. Começamos gerando bondade amorosa para conosco e, então, a expandimos, no nosso próprio ritmo, para incluir nossos entes queridos, os amigos, pessoas "neutras", aqueles que nos irritam, todos os anteriores, como um grupo, e, finalmente, todos os seres através do tempo e do espaço. Gradualmente, ampliamos o círculo da bondade amorosa.

A aspiração tradicional empregada é "Que eu e os outros possamos gozar da felicidade e da raiz da felicidade". Ao ensinar isto descobri que as pessoas, algumas vezes, têm problemas com a palavra *felicidade*. Elas dizem coisas como "O sofrimento me ensinou muito e a felicidade me põe em apuros". Elas não estão certas de que a felicidade é aquilo que elas desejam para si ou para os outros. Isso talvez aconteça porque a nossa noção convencional de felicidade é demasiadamente limitada.

Para chegar ao coração da prática da bondade amorosa talvez tenhamos que colocar a aspiração por felicidade em nossas próprias palavras. Um homem me contou sobre sua aspiração de que ele e os outros concretizassem seu potencial máximo. A aspiração de uma mulher que conheço é que todos aprendamos a falar, pensar e agir de modo que contribua para o bem-estar fundamental. A aspiração de outra pessoa é que todos os seres – inclusive ela própria – comecem a confiar em sua bondade fundamental. É importante que cada um de nós faça sua aspiração tão genuína quanto possível.

Para trabalhar com essa prática é útil considerar, antes de começar, as pessoas ou animais pelos quais já sentimos simpatia. Pode ser um sentimento de gratidão ou reconhecimento ou um sentimento de ternura. Qualquer sentimento genuíno, vindo do coração, servirá. Se ajudar, podemos até mesmo fazer uma lista daqueles que facilmente nos inspiram esses sentimentos.

Tradicionalmente, iniciamos a prática com nós mesmos, mas, algumas vezes, as pessoas acham isso muito difícil. Incluir-nos é importante, mas com quem iniciamos não é crítico. O ponto é fazer contato com um sentimento honesto de boa vontade e encorajá-lo a se expandir. Se você consegue facilmente abrir o seu coração para seu cão ou gato, inicie com ele e, depois, passe para relacionamentos mais desafiadores. A prática é sobre conectar-se com o ponto sensível de uma maneira que seja real para nós, não sobre fingir um sentimento específico. Simplesmente localize essa capacidade de sentir afeto e a acalente, mesmo se ela oscilar ou refluir.

Antes de iniciar a prática da aspiração, sentamo-nos em silêncio por alguns minutos. Então iniciamos a prática dos sete estágios da bondade amorosa. Dizemos, "Possa eu (ou um ente querido) gozar da felicidade e da raiz da felicidade", ou colocamos isso em nossas próprias palavras. Podemos, talvez, dizer, "Que aprendamos a ser pessoas verdadeiramente amorosas". Ou, "Que tenhamos o suficiente para comer e um lugar para dormir, onde estejamos seguros e confortáveis".

Depois de fazer essa aspiração para nós mesmos e para alguém a quem amamos com facilidade, passamos para um amigo. Esse relacionamento deveria ser um pouco mais complicado. Por exemplo, "Gostamos dela, mas talvez também tenhamos ciúmes." Dizemos, "Que Jane goze da felicidade e da raiz da felicidade". E enviamos bondade amorosa na sua direção. Podemos ficar quanto tempo desejarmos em cada etapa desse processo sem nos criticarmos se, algumas vezes, acharmos que está artificial ou inventado.

O quarto estágio é cultivar a bondade amorosa por uma pessoa neutra. Esta seria uma pessoa que encontramos, mas que não conhecemos realmente. Não nos sentimos desta ou daquela maneira com relação a essa pessoa. Dizemos: "Que o lojista (o motorista do ônibus, a mulher que mora ao lado, o mendigo na rua) goze da felicidade e da raiz da felicidade." Então observamos, sem julgamentos, para ver se nosso coração se abre ou se fecha. Praticamos tomar consciência de quando a ternura está contida e de quando ela está fluindo livremente.

Os ensinamentos budistas nos dizem que, ao longo de muitas vidas, todos os seres já foram nossas mães. Em algum momento, todas essas pessoas sacrificaram seu próprio conforto por nosso bem-estar, e vice-versa. Apesar de, nos dias de hoje, "mãe" nem sempre ter uma conotação positiva, o ponto é considerar todas as pessoas que encontramos como nossos entes queridos. Notando e valorizando as pessoas na rua, na padaria, nos congestionamentos de tráfego e nos aeroportos, podemos aumentar nossa capacidade de amar. Usamos essas aspirações para enfraquecer as barreiras de indiferença e liberar o coração gentil da bondade amorosa.

O quinto estágio da pratica da *maitri* é trabalhar com uma pessoa difícil, alguém que consideramos irritante, uma pessoa que, ao vê-la, protegemos nosso coração com uma armadura. Continuamos, como anteriormente, a fazer a aspiração de bondade amorosa. "Que esta pessoa realmente irritante goze da felicidade e da raiz da felicidade. Possa esta mulher que detesto despertar o *bodhichitta.*" Pelo menos no início, é melhor não praticar com nossos relacionamentos mais pesados. Se nos atirarmos diretamente aos traumas de nossas vidas, vamos nos sentir subjugados. Então começaremos a temer a prática e a nos afastar dela. Portanto, neste quinto estágio, trabalhamos com o sentimento de negatividade, mas não o do tipo "barra-pesada". Se começarmos primeiro com os relacionamentos menos difíceis, podemos confiar que nossa capacidade de permanecer abertos às pessoas de quem desgostamos irá se expandir gradualmente.

Os relacionamentos difíceis, por nos desafiarem até os limites de nossa compreensão, são, de muitas maneiras, os mais valiosos para a prática. As pessoas que nos irritam são aquelas que, inevitavelmente, nos arrancam o disfarce. Por intermédio delas poderemos vir a enxergar, com muita clareza, as nossas defesas. Shantideva explicou isso desta maneira: Se desejamos praticar a generosidade e aparece um mendigo, isto é uma boa notícia. O mendigo nos proporciona a oportunidade de aprender a doar. Da mesma forma, se queremos praticar a paciência e a bondade amorosa incondicional, e nos aparece um inimigo, estamos com sorte. Sem aqueles que nos irritam, nunca teríamos a oportunidade de praticar.

Tinham dito para Atisha, antes que ele trouxesse as práticas do *bodhichitta* da Índia para o Tibete, que todos os tibetanos eram pessoas alegres e bondosas. Ele ficou com medo de, nesse caso, não haver ninguém que o provocasse e lhe mostrasse onde ele tinha necessidade de treinamento. Então ele resolveu levar consigo a pessoa mais difícil de sua vida – seu criado bengalês, que era tão hábil em lhe apontar suas falhas quanto seu guru. A piada é que ele, na realidade, não precisava de seu criado bengalês. Já havia um número suficiente de pessoas irritantes no Tibete.

O sexto estágio da prática é chamado de "completa dissolução das barreiras". Visualizamos a nós mesmos, nossos entes queridos, um amigo, uma pessoa neutra e o nosso atual criado bengalês – todos, em pé, na nossa frente. Neste estágio, nós tentamos nos conectar com o sentimento de coração gentil para com todos esses indivíduos. Evocamos a mesma bondade amorosa para os entes queridos e para os inimigos, de nossa vida, bem como para aqueles que nos são indiferentes. Dizemos: "Que cada um de nós, igualmente, goze da felicidade e da raiz da felicidade." Ou, novamente, podemos dizer isso com nossas próprias palavras.

O sétimo e último estágio é expandir a bondade amorosa a todos os seres. Expandimos nossa aspiração até onde conseguirmos. Podemos começar com aqueles que estão próximos e, gradualmente, alargar o círculo para incluir a vizinhança, a cidade, a nação e o universo. "Que os seres no universo gozem de felicidade e de suas causas." Isto é o equivalente a fazer a aspiração que todo o universo esteja em paz.

Cada estágio da prática nos dá uma oportunidade a mais para afrouxarmos a rigidez de nosso coração. Está bem escolher um só estágio e trabalhar com ele durante algum tempo. De fato, muitas pessoas treinam no primeiro estágio por uma semana ou mais, aspirando continuamente que eles próprios gozem de felicidade e de sua causa. Também podemos simplificar esses estágios. Uma forma de praticar a bondade amorosa tem somente esses três estágios: "Que eu goze da felicidade e de suas causas. Que você goze da felicidade e de suas causas. Que todos os seres, em todos os lugares, sejam felizes."

Ao término da prática da bondade amorosa, abandonamos todas as palavras, todos os desejos e, simplesmente, retornamos à simplicidade não conceitual da meditação sentada.

O ponto principal dessa prática é descobrir a capacidade de amar sem preconceito. Fazer as aspirações é como regar a semente da boa vontade, para que ela possa começar a crescer. Enquanto fazemos isso, passamos a conhecer nossas barreiras – insensibilidade, inadequação, ceticismo, ressentimento, justa indignação, orgulho e todas as outras. Conforme continuamos com essa prática, fazemos amizade com nossos medos, nossa avidez e nossa aversão. Um coração bondoso incondicional, para com os outros, não é nem mesmo uma possibilidade, a menos que nos ocupemos dos nossos próprios demônios. Por esse motivo, tudo que encontramos se torna uma oportunidade para praticarmos a bondade amorosa.

OITO

COMPAIXÃO

Em outras tradições, os demônios são expulsos externamente.
Mas, em minha tradição, os demônios são aceitos com compaixão.

– MACHIK LABDRÖN

Assim como alimentar nossa capacidade de amar é uma maneira de despertar o *bodhichitta,* alimentar a nossa capacidade de sentir compaixão também é. Emocionalmente, no entanto, a compaixão é mais desafiadora do que a bondade amorosa porque ela implica disposição de sentir dor. Ela, certamente, exige um treinamento de guerreiro.

Para despertar a compaixão, Patrul Rinpoche, um iogue do século dezenove, sugeriu imaginar seres em tormento – animais a ponto de serem abatidos ou uma pessoa à espera de ser executada. Para tornar o sentimento mais presente, ele recomendava imaginar-nos no seu lugar. Especialmente dolorosa é sua imagem de uma mãe aleijada, sem os braços, observando enquanto um rio enfurecido arrasta seu filho para longe. Entrar completa e diretamente em contato com o sofrimento de outros seres é tão doloroso quanto estar na pele daquela mulher. Para a maioria de nós é amedrontador até mesmo considerar uma tal hipótese. Ao praticarmos gerar a compaixão, podemos esperar sentir o nosso medo da dor. A prática da compaixão é desafiadora. Ela envolve aprender a relaxar e a permitir nos mover, gentilmente, em direção àquilo que nos assusta. O truque para fazer isto é permanecer na nossa angústia emocional, sem nos fecharmos na aversão, e permitir que o medo nos abrande, em vez de nos endurecer em resistência.

Pode ser difícil até mesmo pensar sobre seres atormentados, quanto mais agir por eles. Reconhecendo isso, iniciamos com uma prática que é razoavelmente fácil. Cultivamos a coragem por meio de aspirações. Desejamos que todos os seres, incluindo aqueles de quem não gostamos, estejam livres do sofrimento e da raiz do sofrimento.

Empregamos a mesma prática de aspiração com sete etapas para suavizar nosso coração e, também, para nos tornarmos mais honestos e clementes sobre quando e como nos fechamos. Sem nos condenar ou justificar, executamos o corajoso trabalho de nos abrirmos ao sofrimento. Esse sofrimento pode ser a dor que aparece quando erigimos as barreiras ou a dor de abrir o nosso coração à nossa própria tristeza, ou à tristeza de um outro ser. Aprendemos sobre isso tanto de nossos fracassos quanto de nossos sucessos. Ao cultivarmos a compaixão, usamos a totalidade de nossa experiência – nosso sofrimento, nossa empatia, assim como nossa crueldade e nosso terror. Tem que ser assim. A compaixão não é um relacionamento entre aquele que cura e o ferido. É um relacionamento entre iguais. Somente quando conhecemos bem a nossa própria escuridão podemos estar presentes nas trevas dos outros. A compaixão se torna real quando reconhecemos a humanidade que compartilhamos.

Da mesma forma que na prática da bondade amorosa, iniciamos a prática da compaixão onde estamos e, depois, expandimos nossa capacidade. Começamos por localizar nossa capacidade atual de sermos verdadeiramente tocados pelo sofrimento. Fazemos uma lista daqueles que evocam em nós um sentimento de compaixão. Ela poderá incluir nosso neto, nosso irmão, um amigo que tem medo de morrer e seres que vemos no noticiário ou sobre quem lemos em um livro. O ponto é, simplesmente, entrar em contato com a compaixão genuína, onde quer que a possamos encontrar.

Para iniciar a prática formal da compaixão, começamos, como antes, com um período de meditação silenciosa. Então, iniciamos as sete aspirações. Começando conosco, fazemos a aspiração tradicional: "Que eu esteja livre do sofrimento e da raiz do sofrimento." Para sentirmos o processo como genuíno, podemos expressar isto com nossas próprias palavras. É importante que a aspiração não seja sentida como sentimental ou inventada.

Thich Nhat Hanh sugere as alternativas: "Que eu esteja seguro e livre de acidentes. Que eu esteja livre da ira, ...do medo e das preocupações. Que eu não caia em um estado de indiferença ou seja uma presa dos extremos de anseio e de aversão. Que eu não seja vítima de auto-ilusão."

Após cultivar a compaixão para conosco, prosseguimos com alguém da nossa lista: "Que os animais de laboratório estejam livres do sofrimento. Que meu sobrinho adolescente possa se livrar da dependência de heroína. Que meu avô, na casa de repouso, não esteja tão só e amedrontado." O ponto não é nos sobrecarregarmos, mas, simplesmente, entrarmos em contato com a compaixão genuína.

O terceiro passo é visualizar um amigo ou amiga e cultivar a intenção de que ele ou ela não tenha que sofrer. Pode ser a aspiração formal, de que nosso amigo esteja livre do sofrimento e da raiz do sofrimento, ou pode ser algo mais específico: "Que Jack pare de guardar rancor contra seu irmão. Que Maria esteja livre de sua impiedosa dor física." Então, aumentamos a parada, passando para as pessoas neutras e para aquelas de quem não gostamos.

As pessoas neutras da quarta etapa apresentam um desafio interessante. Muitos de nós chegam a este ponto da prática e ficam entorpecidos. Verbalizamos a aspiração, mas não conseguimos nos conectar com pessoas que não conhecemos. Podemos ficar chocados ao descobrir o quão indiferentes, ou mesmo amedrontados, somos com relação a tantas pessoas. Especialmente se vivemos em uma cidade, há milhares de pessoas que ignoramos, todos os dias. Por esta razão, acredito ser especialmente importante fazer aspirações para os assim chamados neutros. Quando olhamos para alguém, na rua, e desejamos que essa pessoa esteja livre do sofrimento, essa pessoa começa a ganhar foco. Podemos efetivamente sentir as barreiras desabarem. Ao fazermos essa aspiração compassiva, começamos a nos libertar da prisão do isolamento e da indiferença.

No quinto estágio, quando geramos compaixão para com as pessoas difíceis de nossas vidas, conseguimos ver, ainda com maior clareza, nossos preconceitos e aversões. Podemos sentir que fazer um desejo compassivo para estas pessoas irritantes e briguentas é totalmente absurdo. Desejar que aqueles de quem desgostamos e dos quais temos medo não sofram pode parecer um salto grande demais. Este é um bom momento para lembrar que, quando endurecemos nosso coração com qualquer pessoa, estamos machucando a nós mesmos. O hábito do medo, da raiva, da autopiedade – todos são reforçados e se tornam mais poderosos se continuarmos a ceder a eles. A coisa mais compassiva que podemos fazer é interromper esses hábitos. Em vez de sempre nos retrairmos e erigirmos muralhas, podemos realizar algo imprevisível e fazer uma aspiração compassiva. Podemos visualizar o rosto dessa pessoa difícil e dizer seu nome, se isto nos ajudar. Depois dizemos as palavras: "Que esta pessoa que me irrita esteja liberta do sofrimento e da raiz do sofrimento." Fazendo isto começamos a dissolver nosso medo. Fazemos esse gesto de compaixão para desbloquear nossa capacidade de ouvir os lamentos do mundo.

O sexto estágio é onde fazemos uma aspiração compassiva para nós mesmos, nosso ente querido, o neutro e o difícil, todos juntos. Esta é a maneira como treinamos tornar mais leves as opiniões e preconceitos que nos mantêm afastados uns dos outros. Dizemos a aspiração que todos nós possamos estar igualmente livres do sofrimento e de suas causas. Então, ampliamos nosso desejo ainda mais e mais, desejando que todos os seres, sem exceção, estejam livres do sofrimento e da raiz do sofrimento – desejando que todos os seres não sejam mais presa de seus preconceitos.

Como resultado da prática da compaixão, começaremos a adquirir uma compreensão mais profunda das raízes do sofrimento. Desejamos não somente que as manifestações exteriores de sofrimento diminuam mas, também, que todos nós possamos parar de agir e de pensar com maneiras que causem o aumento da ignorância e da confusão. Aspiramos estar livres da fixação e da teimosia. Desejamos dissolver o mito de que somos separados.

Diz-se que todos os seres estão predispostos a despertar e a estender a mão aos outros, e que essa inclinação natural pode ser alimentada. É isto o que estamos levando a efeito ao fazermos as aspirações. Se não cultivarmos essas inclinações, entretanto, elas diminuirão. O *bodhichitta* é como um fermento que nunca perde sua potência. Em qualquer momento que adicionarmos umidade e o calor da compaixão, ele, automaticamente, se expandirá. No entanto, se o conservarmos no congelador, nada acontece.

Eu acho especialmente útil levar as aspirações compassivas ao supermercado. Eu gosto de fazer essas práticas justamente no meio desse mundo paradoxal e imprevisível. Dessa maneira eu trabalho minha intenção, mas também começo a agir. Em termos tradicionais, isto é, cultivar os níveis tanto de aspiração quanto de ação do *bodhichitta*. Algumas vezes essa é a única maneira para fazer esta prática parecer relevante para o sofrimento que continuamente testemunhamos.

Esperando na fila do caixa, eu poderia notar o adolescente desafiador, na minha frente, e fazer a aspiração: "Que ele esteja livre do sofrimento e de suas causas." No elevador, com uma estranha, eu poderia notar seus sapatos, suas mãos, a expressão de seu rosto. Eu contemplo o fato que, exatamente como eu, ela não deseja que haja tensão em sua vida. Justamente como eu, ela tem preocupações. Por meio de nossas esperanças e medos, nossos prazeres e dores, estamos profundamente interligadas. Faço essa espécie de coisa em todos os tipos de situação – à mesa do café, na sala de meditação, no consultório do dentista.

Quando pratico as aspirações no próprio local, não me sinto mais separada dos outros. Quando leio uma notícia de que alguém que não conheço sofreu um acidente de carro, tento não passar diretamente para o próximo artigo. Eu gero compaixão pela pessoa e por sua família, como se ela fosse minha melhor amiga. Ainda mais desafiador é fazer essas aspirações para alguém que tenha sido violento com os outros.

As práticas de aspirações das quatro qualidades são treinamento em não nos retrairmos, em enxergarmos nossos preconceitos, mas não alimentá-los. Aos poucos, aprenderemos o jeito de ir além do nosso medo de sentir dor. É isto que é necessário para se envolver com as tristezas do mundo, para estender amor e compaixão, alegria e equanimidade para todos – sem exceções.

Uma vez, uma professora me disse que, se eu quisesse felicidade duradoura, a única maneira de consegui-la era sair de meu casulo. Quando lhe perguntei como trazer felicidade aos outros, ela disse: "Mesma instrução." Esta é a razão pela qual faço essas práticas de aspiração: a melhor maneira de servir a nós mesmos é amar e cuidar dos outros. Estas são ferramentas poderosas para dissolver as barreiras que perpetuam, não somente nossa própria infelicidade, mas o sofrimento de todos os seres.

NOVE

TONGLEN

Na alegria e na tristeza, todos são iguais,
Seja, portanto, guardião de todos, como de você mesmo.

SHANTIDEVA

Tonglen, ou trocar de lugar com outros, é uma outra prática do *bodhichitta* para ativar a bondade amorosa e a compaixão. Em tibetano, a palavra *tonglen* significa "tomar e enviar". Ela se refere a estar disposto a tomar a dor e o sofrimento, nosso e dos outros, e enviar felicidade a todos nós. Os ensinamentos do *bodhichitta* que Atisha trouxe para o Tibete incluíam a prática do *tonglen*.

Apesar de existirem muitas maneiras para abordar o *tonglen*, a essência da prática é sempre a mesma. Inspiramos o que é doloroso e indesejável, com o sincero desejo que nós e os outros estejamos livres do sofrimento. Ao fazermos isso, deixamos de lado o enredo que acompanha a dor e sentimos a energia subjacente. Abrimos completamente nosso coração e mente para o que quer que apareça. Ao expirarmos, enviamos nosso alívio da dor, com a intenção de que nós e os outros sejamos felizes.

Quando estamos dispostos a ficar, mesmo que por um momento, com a energia desconfortável, aos poucos aprendemos a não temê-la. Então, quando vemos alguém angustiado, não relutamos em inspirar o seu sofrimento e enviar-lhe alívio.

A prática formal do *tonglen* possui quatro estágios. O primeiro estágio é um breve momento de calma ou abertura – um momento do *bodhichitta* incondicional. O segundo estágio é visualizar e trabalhar com a textura, com a energia crua da claustrofobia e da sensação de espaço. O terceiro estágio é a essência da prática: inspirar o que quer que seja indesejável e expirar uma sensação de alívio. No quarto estágio ampliamos nossa compaixão ainda mais, pela inclusão daqueles outros que estão experimentando os mesmos sentimentos. Se quisermos, podemos combinar o terceiro e o quarto estágios, inspirando e expirando por nós e pelos outros, ao mesmo tempo.

Portanto, o primeiro estágio do *tonglen* é um momento de mente aberta, ou *bodhichitta* incondicional. Apesar de esse estágio ser crucial, ele é difícil de ser descrito. Ele se relaciona com o ensinamento budista da *shunyata* – freqüentemente traduzido como "vacuidade" ou "abertura". Ao experimentar a *shunyata* no nível emocional, poderíamos ter a sensação de sermos suficientemente grandes para conter tudo, que não há local onde as coisas possam se prender. Se relaxarmos nossa mente e pararmos de lutar, as emoções podem se mover através de nós, sem se consolidarem e sem proliferarem.

Basicamente, experimentar a abertura é confiar na qualidade viva da energia fundamental. Desenvolvemos a confiança para permitir que ela surja, permaneça um momento e, então, se vá. Essa energia é dinâmica, irreprimível e flui permanentemente. Portanto, nosso treinamento é, primeiramente, notar como bloqueamos essa energia, ou a congelamos, como tensionamos nosso corpo e mente. Depois treinamos em suavizar, relaxar, e abrir-nos para a energia, sem interpretações ou julgamentos.

O primeiro brilho de abertura nos lembra que sempre podemos abandonar nossas idéias fixas e nos conectar com algo aberto, novo e imparcial. Então, durante os estágios seguintes, quando começamos a inspirar a energia da claustrofobia e os sentimentos indesejáveis, nós os inspiramos para dentro desse espaço enorme, tão vasto quanto o claro céu azul. Depois enviamos o que pudermos para auxiliar todos nós a experimentarmos a liberdade de uma mente aberta e flexível. Quanto mais tempo praticarmos, mais acessível ficará esse espaço incondicional. Mais cedo ou mais tarde perceberemos que já estamos despertos.

Muitos de nós não têm a mínima idéia de qual é a sensação de um lampejo de abertura. Na primeira vez que o percebi foi simples e direto. Na sala onde eu estava meditando, um grande ventilador girava, fazendo barulho. Após algum tempo eu não percebia mais o som, ele era tão constante. Mas então, subitamente, o ventilador parou e houve uma brecha, um silêncio totalmente aberto. Esta foi a minha apresentação à *shunyata*!

Para provocar a abertura, algumas pessoas visualizam um vasto oceano ou um céu sem nuvens – qualquer imagem que evoque uma capacidade ilimitada de expansão. No início da prática em grupo um gongo é acionado. Ouvir seu som basta para nos lembrar da mente aberta. O lampejo é relativamente curto, não dura mais do que o tempo necessário para o gongo parar de ressoar. Não podemos nos agarrar a essa experiência. Somente a tocamos, por instantes, e então prosseguimos.

No segundo estágio de *tonglen* começamos a inspirar as qualidades da claustrofobia: grossa, pesada e quente. Podemos visualizar a claustrofobia como poeira de carvão ou como uma névoa marrom-amarelada. Então expiramos as qualidades do espaço: fino, leve e fresco. Podemos visualizá-lo como um luar brilhante, como reflexos do sol na água ou como as cores do arco-íris.

Qualquer que seja a maneira de visualizar estas texturas, imaginamos respirá-las, inspirando-as e expirando-as, por todos os poros de nosso corpo e não somente por nossa boca e nariz. Fazemos isso até sentirmos que há um sincronismo com nossa respiração, até que estejamos certos sobre o que estamos trazendo para dentro e o que estamos enviando para fora. Pode-se respirar um pouco mais fundo do que o normal, mas é importante dedicar o mesmo tempo à inspiração e à expiração.

Podemos descobrir, no entanto, que damos preferência à inspiração ou à expiração, em vez de mantê-las equilibradas. Por exemplo, podemos não querer interromper o frescor e o brilho da expiração substituindo-a pela inspiração daquilo que é grosso, pesado e quente. Como resultado, talvez nossa expiração seja longa e generosa, em contraste com uma inspiração curta e parcimoniosa. Ou podemos não ter problema para nos conectarmos com a claustrofobia, na inspiração, mas sentimos que não temos muito para enviar para fora. Nossa expiração, então, pode ficar quase que inexistente. Se nos sentimos empobrecidos dessa maneira, podemos nos lembrar que o que estamos enviando não é algo que possuímos. Estamos simplesmente nos abrindo para o espaço que está sempre aqui, e o compartilhando.

No terceiro estágio começamos a fazer a troca para uma pessoa específica. Inspiramos a dor desta pessoa e lhe enviamos alívio. Tradicionalmente, a instrução diz para começarmos o *tonglen* com aquelas pessoas que espontaneamente despertam nossa compaixão, tais como aqueles que colocamos na nossa lista. Ao inspirarmos, visualizamos nosso coração se abrindo completamente para aceitar a dor. Ao expirarmos, enviamos aquela coragem e abertura. Não nos agarramos a isso, pensando, "Finalmente, tenho um pouco de alívio em minha vida; quero mantê-lo para sempre!". Em vez disso, nós o compartilhamos. Quando praticamos dessa maneira, inspirar torna-se abertura e aceitação do que é indesejável; expirar torna-se soltar e abrir ainda mais. Ao inspirar e expirar, estamos revertendo antigos hábitos de nos fecharmos para a dor e de nos agarrarmos a qualquer coisa que traga conforto.

Alguns hospitais para tratamento de AIDS encorajam os pacientes a fazerem *tonglen* para outros portadores de AIDS. Isso os conecta, de maneira muito real, com todos que se encontram em sua situação e ajuda a aliviar sua vergonha, medo e isolamento. Os funcionários do hospital fazem *tonglen* para criar uma atmosfera de claridade, de modo que as pessoas ao seu redor possam encontrar sua própria coragem e inspiração e ficar livres do medo.

Fazer *tonglen* para outra pessoa areja nosso tão limitado ponto de referência, o fechamento da mente, que é a causa de tanta dor. Treinar para relaxar nosso forte apego ao "eu" e para nos importar com os outros é o que nos conecta ao ponto sensível do *bodhichitta*. É por isso que fazemos *tonglen*. Fazemos a prática sempre que houver sofrimento – quer ele seja nosso ou de outros. Após algum tempo torna-se impossível saber se estamos praticando em nosso próprio benefício ou em benefício de outros. Estas diferenciações começam a se esvair.

Por exemplo, talvez estejamos praticando *tonglen* porque desejamos ajudar nossa mãe doente. Mas, de algum modo, nossas próprias emoções reativas – culpa, medo ou raiva contida – surgem e parecem bloquear uma troca genuína. Nesse ponto, podemos desviar nosso foco e começar a inspirar nossos sentimentos conflitantes, usando nossa dor pessoal como uma ligação com outras pessoas que se sentem fechadas e atemorizadas. Abrir o coração para as emoções aprisionadas tem o poder de limpar o ar e, também, de beneficiar nossa mãe.

Algumas vezes, podemos não saber o que enviar com a expiração. Podemos enviar algo genérico, como espaço e alívio, ou bondade amorosa, ou podemos enviar algo específico e concreto, assim como um buquê de flores. Uma mulher, por exemplo, estava praticando *tonglen* para seu pai esquizofrênico e não tinha dificuldade para inspirar com o desejo que ele estivesse livre de sofrimento. Mas ela ficava travada na expiração, porque não tinha a menor idéia do que enviar para ele, que pudesse ajudar. Finalmente, ela teve a idéia de enviar-lhe uma boa xícara de café, um dos prazeres favoritos de seu pai. O ponto é usar o que quer que funcione.

A prática é sobre a abertura para o que quer que apareça, mas é importante não sermos exageradamente ambiciosos. Aspiramos manter abertos o nosso coração no momento presente, mas sabemos que isso nem sempre será possível. Podemos confiar que se, simplesmente, fizermos *tonglen* da melhor maneira que pudermos, nesse momento, nossa capacidade para sentir compaixão aos poucos se expandirá.

Quando estamos praticando *tonglen* para um indivíduo específico, incluímos sempre um quarto estágio, que é estender a compaixão para todos que estejam com a mesma dificuldade. Por exemplo, se estivermos fazendo *tonglen* para nossa irmã, que perdeu o marido, podemos inspirar o sofrimento de outras pessoas que sofrem pela perda de entes queridos e enviar alívio a todas elas. Se estamos praticando por uma criança vítima de abusos, podemos inspirar e expirar para todas as crianças amedrontadas e desprotegidas e expandir isso ainda mais, para todos os seres que estão vivendo aterrorizados. Se estivermos fazendo *tonglen* com nossa própria dor, sempre nos lembramos dos que estão com uma angústia similar e os incluímos ao inspirar e expirar. Em outras palavras, começamos com alguma coisa específica e genuína e, então, ampliamos o círculo o mais que pudermos.

Eu recomendo usar o *tonglen* como uma prática de uso imediato. Podemos sentir que fazer *tonglen* durante nosso dia-a-dia é mais natural do que fazê-lo na almofada de meditação. Uma das razões é que nunca vai nos faltar assunto. Quando aparece um forte sentimento indesejável ou vemos alguém sofrendo, não existe nada teórico a respeito do que iremos usar na nossa prática. Não há quatro estágios a lembrar ou uma luta para sincronizar as texturas com o nosso respirar. Lá mesmo, quando é muito real e imediato, nós inspiramos e expiramos com a dor. A prática no dia-a-dia nunca é abstrata. Logo que surgem emoções desconfortáveis, treinamos para inspirá-las e para abandonar o enredo. Ao mesmo tempo, estendemos nossos pensamentos e interesse para outras pessoas que sentem o mesmo desconforto e inspiramos com o desejo que todos nós possamos estar livres dessa espécie específica de confusão. Então, ao expirarmos, enviamos a nós e aos outros qualquer tipo de alívio que acreditamos seja capaz de ajudar. Também praticamos dessa maneira quando encontramos animais e pessoas que estejam sofrendo. Podemos tentar fazer isso sempre que ocorram situações e sentimentos difíceis e, com o tempo, isso se tornará mais automático.

Também ajuda notar, em nossa vida diária, qualquer coisa que nos traga felicidade. Assim que a percebermos, podemos pensar em compartilhá-la com os outros, cultivando ainda mais a atitude *tonglen*.

Como guerreiros-*bodhisattva*, quanto mais treinamos o cultivo dessa atitude mais descobrimos nossa capacidade para a alegria e a equanimidade. Por nossa coragem e disposição de trabalhar com a prática estamos mais habilitados a experimentar a nossa bondade fundamental e a dos outros. Estamos mais capacitados a reconhecer o potencial de todos os tipos de pessoas: aquelas que consideramos agradáveis, as que consideramos desagradáveis e aquelas que nem mesmo conhecemos. Desse modo, o *tonglen* começa a arejar nossos preconceitos e a nos apresentar para um mundo mais sensível e de mente aberta.

Trungpa Rinpoche costumava dizer, no entanto, que não há garantias ao praticarmos *tonglen*. Temos que responder às nossas próprias perguntas. Ele, realmente, alivia o sofrimento? Além de nos ajudar, beneficia os outros? Se alguém do outro lado do mundo estiver sofrendo, ajudará esta pessoa se alguém se importar? *Tonglen* não é tão metafísico. É simples e muito humano. Podemos fazê-lo e descobrir por nós mesmos o que acontece.

DEZ

ENCONTRANDO A CAPACIDADE DE ALEGRAR-SE

Permita que a flor da compaixão floresça no rico solo da maitri *e regue-a com a boa água da equanimidade, na sombra refrescante da alegria.*

– LONGCHENPA

Ao treinarmos nas práticas do *bodhichitta,* sentimos cada vez mais alegria, o júbilo que vem de um crescente reconhecimento de nossa bondade fundamental. Ainda sentimos fortes e conflitantes emoções e ainda experimentamos a ilusão da separação, mas há uma abertura fundamental, na qual começamos a confiar. Essa confiança em nossa recém-descoberta natureza sem preconceitos nos traz uma alegria ilimitada – uma felicidade que é completamente livre de apego e anseio. Essa é a alegria da felicidade sem ressaca.

Como cultivamos as condições para a expansão da alegria? Treinamos em permanecer presentes. Na meditação sentada, treinamos a atenção plena e a *maitri*: estarmos firmes com nosso corpo, emoções e pensamentos. Ficamos com nosso pequeno pedaço de terra e confiamos que ele pode ser cultivado, que o cultivo o levará ao seu pleno potencial. Mesmo ele estando cheio de pedras e o solo estando seco, começamos a arar o terreno com paciência. Deixamos que o processo evolua naturalmente.

No início, a alegria é somente uma sensação de que nossa situação é trabalhável. Paramos de procurar por um lugar melhor para estarmos.

Já descobrimos que a busca contínua por algo melhor não funciona. Isso não significa que, de repente, crescem flores onde antes havia somente pedras. Significa estarmos confiantes que algo crescerá aqui.

Ao cultivarmos nosso jardim, as condições se tornam mais propícias ao crescimento do *bodhichitta*. A alegria vem de não desistirmos de nós mesmos, de atentamente permanecermos conosco e começarmos a experimentar nosso grande espírito guerreiro. Também fornecemos as condições para a expansão da alegria ao nos treinarmos nas práticas do coração e, especialmente, no júbilo e no reconhecimento. Do mesmo modo que para as outras qualidades incomensuráveis, podemos fazer isso como uma prática de aspiração em sete estágios.

Uma aspiração tradicional para despertar reconhecimento e alegria é: "Que eu e os outros nunca estejamos separados da grande felicidade que é livre de sofrimento." Isto significa permanecer sempre na natureza completamente aberta e imparcial de nossa mente – nos conectarmos com a força interior da bondade fundamental. Para fazer isso, no entanto, começamos com exemplos condicionados de boa sorte, tais como saúde, inteligência básica e um ambiente favorável – as condições afortunadas que constituem um precioso nascimento humano. Para o guerreiro que desperta, a maior vantagem é de nos encontrarmos em uma época em que é possível ouvir e praticar os ensinamentos do *bodhichitta*. Seremos duplamente abençoados se contarmos com um amigo espiritual – um guerreiro mais avançado – que nos guie.

Podemos praticar o primeiro estágio da aspiração aprendendo a nos regozijar com nossa própria boa fortuna. Podemos treinar em nos rejubilar mesmo com as menores dádivas de nossa vida. É fácil não perceber nossa própria boa sorte; freqüentemente, a felicidade chega tão de mansinho que nem mesmo a notamos. É como um desenho que vi de um homem, parecendo surpreso, que dizia: "O que foi aquilo?" A legenda, abaixo, dizia: "Bob está experimentando um momento de bem-estar." O caráter de normalidade da nossa boa sorte pode fazer com que ela seja difícil de notar.

A chave é estar aqui, totalmente ligado no momento, prestando atenção aos detalhes da vida normal. Ao cuidarmos das coisas normais – nossos potes e panelas, nossas roupas, nossos dentes –, nós nos rejubilamos com elas. Quando lavamos um legume, ou penteamos o cabelo, estamos expressando apreciação: amizade para conosco e para com a qualidade viva que se encontra em tudo. Esta combinação de consciência plena e reconhecimento nos conecta totalmente com a realidade e nos traz alegria. Ao estendermos atenção e reconhecimento para nosso ambiente e para as outras pessoas, nossa experiência de júbilo fica ainda maior.

Na tradição zen, os alunos são ensinados a fazer reverência para outras pessoas, bem como para objetos comuns, como uma maneira de expressar seu respeito. Eles são ensinados a zelar igualmente por vassouras, vasos sanitários e plantas, para demonstrar sua gratidão para com elas. Observar numa manhã Trungpa Rinpoche arrumando a mesa para o café era como observar alguém fazendo um arranjo de flores ou criando um cenário em um palco. Ele teve tanto cuidado e deleite ao arrumar cada detalhe – o jogo americano e os guardanapos, os garfos, facas e colheres, os pratos e xícaras. Demorou várias horas para que completasse a tarefa! Desde então, mesmo que eu tenha somente alguns minutos, aprecio o ritual de pôr a mesa como uma oportunidade para estar presente e me rejubilar.

Rejubilar-se com coisas comuns não é sentimental ou trivial. Na realidade, exige coragem. Cada vez que abandonamos nossas queixas e permitimos que a boa sorte do dia-a-dia nos inspire, entramos no mundo do guerreiro. Podemos fazê-lo mesmo nos momentos mais difíceis. Tudo o que vemos, ouvimos, provamos e cheiramos tem o poder de nos fazer mais fortes e de nos animar. Como disse Longchenpa, a qualidade da alegria é como encontrar uma sombra refrescante.

O segundo estágio de aprender a alegrar-se é pensar em alguém querido e apreciar a sua boa sorte. Começamos com uma pessoa a quem queremos bem. Podemos imaginar o rosto do ente querido ou dizer o seu nome, se isto tornar a prática mais real. Então, em nossas próprias palavras, nós nos rejubilamos – que a pessoa adoentada agora esteja se sentido saudável e alegre, que uma criança solitária tenha encontrado um amigo. Somos encorajados a tentar manter isto simples. O ponto é encontrar nossa capacidade natural e espontânea de nos alegrarmos por um outro ser, quer o sentimento seja inabalável ou passageiro.

Nos próximos três estágios, ao praticarmos com pessoas menos queridas, nossa capacidade de reconhecer e nos rejubilar com sua boa fortuna é freqüentemente bloqueada pela inveja ou outras emoções. Esse é um ponto importante para o *bodhisattva* em treinamento. A prática é nos conscientizarmos de nosso coração sensível e alimentá-lo. Mas também é olhar de perto as raízes do sofrimento – ver como fechamos nosso coração com emoções tais como o ciúme. Eu acho a prática do júbilo uma ferramenta especialmente poderosa para fazer isso.

O que acontece quando fazemos o gesto de regozijar-nos com a boa fortuna de nosso vizinho? Poderíamos dizer "Alegro-me que o Henry tenha ganho na loteria", mas o que está acontecendo em nosso coração e mente? Quando dizemos "Alegro-me que Tânia tenha um namorado", como, realmente, nos sentimos? A aspiração de rejubilarnos pode nos parecer débil quando comparada com nosso ressentimento, nossa inveja ou nossa autopiedade. Sabemos como é fácil permitir que as emoções nos prendam e façam fechar-nos. Seria sábio questionarmos o porquê de guardarmos rancor, como se isso fosse nos fazer felizes e diminuir nossa dor. É parecido com ingerir veneno de rato acreditando que o rato morrerá. Nosso desejo por alívio e os métodos que empregamos para consegui-lo definitivamente não estão sincronizados.

Sempre que somos fisgados, é útil lembrar dos ensinamentos – lembrar que sofrimento é o resultado de uma mente agressiva. Mesmo a menor irritação nos causa dor quando cedemos a ela. Esse é o momento de perguntar: "Por que estou fazendo isso comigo, de novo?" Contemplar as causas do sofrimento, no momento exato, nos fortalece. Começamos a reconhecer que possuímos o necessário para cortar nosso hábito de ingerir veneno. Mesmo que leve o resto de nossas vidas, ainda assim podemos fazê-lo.

Quando trabalhamos com pessoas neutras, o que acontece com nosso coração? Falamos as palavras durante nossa prática, ou na rua, "Eu me alegro por aquele homem sentado confortavelmente ao sol". "Eu estou contente pelo cão que foi adotado no canil." Dizemos as palavras e o que acontece? Quando vemos os outros com apreciação, as barreiras se erguem ou caem?

As pessoas difíceis são, normalmente, os melhores professores. Aspirar a alegrar-se com sua boa fortuna é uma boa oportunidade de investigar nossas reações e estratégias. Como reagimos à sua boa sorte, boa saúde, boas notícias? Com inveja? Com raiva? Com medo? Qual é a nossa estratégia para nos afastarmos daquilo que sentimos? Vingança, autodepreciação? Que histórias contamos para nós mesmos? ("Ela é uma esnobe." "Eu sou um fracasso.") Estas reações, estratégias e enredos são os materiais dos quais são construídos os casulos e os muros das prisões.

Então, no mesmo momento, podemos ir além das palavras, até a experiência não-verbal da emoção. O que está acontecendo em nosso coração, nossos ombros, nossas entranhas? Permanecer com a sensação física é radicalmente diferente de se ater ao enredo. É preciso reconhecimento do momento presente. É uma maneira de relaxar, uma maneira de nos treinarmos a suavizar em vez de endurecer. Permite que o fundamento do júbilo ilimitado – a bondade amorosa – passe a brilhar.

Podemos agora alegrar-nos por nós mesmos, nosso ente querido, amigo, o neutro e o difícil, todos juntos? Podemos nos alegrar por todos os seres, através do tempo e do espaço?

"Conserve sempre uma mente alegre" é um dos lemas de treinamento da mente. Isto poderia soar como uma aspiração impossível. Como um homem uma vez me disse: "Sempre é, realmente, muito tempo." No entanto, ao treinarmos para desbloquear nossa bondade fundamental, iremos descobrir que cada momento contém o livre fluxo da abertura e do calor que caracterizam a alegria ilimitada.

Esse é o caminho que trilhamos ao cultivar a alegria: aprendemos a não vestir nossa bondade fundamental com uma armadura, aprendemos a apreciar aquilo que possuímos. A maior parte do tempo, não fazemos isso. Em vez de reconhecer onde estamos, lutamos continuamente e alimentamos nossa insatisfação. É como tentar fazer crescer as flores jogando cimento no jardim.

Mas, ao utilizarmos as práticas do *bodhichitta* para nos treinar, poderemos chegar ao ponto em que vemos a magia do momento presente, poderemos gradualmente despertar para a verdade que sempre fomos guerreiros, vivendo em um mundo sagrado. Essa é a experiência contínua da alegria ilimitada. Nem sempre iremos experimentar isto, é bem verdade. Mas ano a ano ela se torna cada vez mais acessível.

Certa vez uma cozinheira, em Gampo Abbey, estava se sentindo muito infeliz. Como muitos de nós, ela alimentava sua melancolia com suas ações e seus pensamentos. Hora a hora seu humor ficava mais pesado. Ela decidiu tentar arejar suas emoções, que cresciam, fazendo biscoitos de chocolate. No entanto, seu plano saiu pela culatra – ela os queimou todos. Nesse ponto, em vez de jogar os biscoitos queimados no lixo, ela os colocou no bolso e saiu para um passeio. Ela andou pela estrada de terra, com a cabeça baixa e a mente queimando de ressentimento. Ela dizia para si mesma: "E então, onde estão toda a beleza e a mágica das quais sempre ouço falar?"

Naquele momento ela levantou o olhar. Lá, andando em sua direção, vinha uma pequena raposa. Sua mente parou, ela prendeu a respiração e observou. A raposa sentou-se bem em frente dela, olhando-a com expectativa. Ela enfiou a mão em seu bolso e tirou alguns biscoitos. A raposa os comeu e, devagar, foi embora. Ela contou esta história para todos, na abadia, dizendo: "Hoje eu aprendi que a vida é muito preciosa. Mesmo quando estamos determinados a bloquear a mágica, ela atravessará e nos despertará. Aquela pequena raposa me ensinou que não importa o quão fechados estamos, sempre podemos olhar para fora de nosso casulo e nos conectar com a alegria."

ONZE

APRIMORANDO O TREINAMENTO NA ALEGRIA

Para fazer as coisas o mais simples possível de entender, podemos resumir as quatro qualidades incomensuráveis em uma simples frase: "um coração terno". Treine-se somente para ter sempre um coração terno, em todas as situações.

– PATRUL RINPOCHE

Como tornamos reais os ensinamentos? Em meio a nossa vida superatribulada, como descobrirmos nossa inerente clareza e compaixão? Como desenvolvemos a confiança em que a abertura e a *maitri* estão disponíveis, mesmo nos momentos mais frenéticos? Quando nos sentimos excluídos, inadequados ou solitários, podemos assumir a perspectiva do guerreiro e fazer contato com o *bodhichitta?*

Compartilhar o coração é uma prática simples que pode ser usada em todos os momentos e em todas as situações. Ela amplia nossa visão e nos auxilia a lembrar da nossa interconexão. Uma versão imediata de *tonglen*, ela é também um método para aprimorar a nossa capacidade de nos alegrarmos.

A essência dessa prática é que, quando encontramos dor em nossa vida, nós a inspiramos para dentro do nosso coração, com o reconhecimento de que os outros também sentem isso. É uma maneira de reconhecer quando estamos nos fechando e de treinar a nos abrir. Quando encontramos algum prazer ou ternura em nossa vida, nós o reconhecemos e nos alegramos. Então, fazemos o pedido para que outros também possam experimentar esse deleite ou esse alívio. Resumindo, quando a vida está agradável, pense nos outros. Quando a vida está um peso, pense nos outros. Se esse for o único treinamento que venhamos a nos lembrar de praticar, ele nos beneficiará enormemente, bem como a todos os outros. É uma maneira de trazer o que quer que encontremos para o caminho de despertar o *bodhichitta*.

Mesmo a mais simples das coisas pode ser a base para essa prática – uma bonita manhã, uma boa refeição, um banho de chuveiro. Apesar de existirem muitos desses momentos comuns, passageiros, em nossos dias, normalmente passamos rapidamente por eles. Esquecemos quanta alegria eles podem nos trazer. Portanto, o primeiro passo é parar, reconhecer e apreciar o que está acontecendo. Mesmo que isto seja tudo que façamos, será revolucionário. Então, pensamos sobre alguém que esteja sofrendo e desejamos que essa pessoa possa ter esse prazer, para adoçar a sua vida.

Quando praticamos doar dessa maneira, não nos desviamos do nosso próprio prazer. Imagine que estamos comendo um morango delicioso. Não pensamos, "Oh, eu não deveria estar tendo tanto prazer. Outras pessoas não têm nem mesmo um pedaço de pão". Simplesmente apreciamos completamente a fruta deliciosa. Então, desejamos que o Pete ou a Rita possam ter um prazer como esse. Desejamos que qualquer um que esteja sofrendo possa experimentar uma delícia como essa.

Desconforto de qualquer tipo também se transforma em base para a prática. Inspiramos sabendo que nossa dor é compartilhada; existem pessoas em todo o mundo se sentindo exatamente como nós, neste momento. Esse simples gesto é uma semente de compaixão para conosco e com os outros. Se desejarmos, podemos ir ainda mais longe. Podemos desejar que uma pessoa específica, ou todos os seres, possam estar livres do sofrimento e de suas causas. Desta maneira, nossas dores de dente, nossa insônia, nossos divórcios e o nosso terror se transformam em nossa ligação com toda a humanidade.

Uma mulher me escreveu sobre praticar com seu sofrimento diário no trânsito. Seu ressentimento e sua irritação, seu medo de se atrasar para um compromisso tinham se tornado a conexão de seu coração com todas as outras pessoas sentadas, bufando, dentro de seus carros. Ela começou a sentir sua ligação com as pessoas ao seu redor e até mesmo a esperar com ansiedade pelo seu "*tonglen* do congestionamento".

Essa maneira simples de treinar com o prazer e a dor nos permite utilizar aquilo que temos, onde quer que estejamos, para nos conectarmos com as outras pessoas. Ela gera a coragem no momento, que é o que será necessário para curar-nos e a nossos irmãos e irmãs neste planeta.

DOZE

PENSANDO GRANDE

Treine imparcialmente em todas as áreas.
É crucial que sempre se faça isso em todo lugar e sinceramente.

– MÁXIMA DE ATISHA PARA O TREINAMENTO DA MENTE

Ao praticarmos a *maitri*, a compaixão e a alegria, treinamos para pensar grande, para nos abrirmos tão sinceramente quanto pudermos, para nós mesmos, nossos amigos e até mesmo para aqueles de quem não gostamos. Cultivamos o estado imparcial da equanimidade. Sem esta quarta qualidade incomensurável, as outras três ficam limitadas pelo nosso hábito de gostar ou desgostar, de aceitar ou de rejeitar.

Sempre que alguém perguntava a um certo mestre zen como ele estava, ele, invariavelmente, respondia "Eu estou bem". Finalmente, um de seus alunos disse: "Roshi, como você pode estar sempre bem? Você não tem dias ruins?" O mestre zen respondeu: "Claro que tenho. Nos dias ruins, eu estou bem. Nos dias bons, eu também estou bem." Isto é equanimidade.

A imagem tradicional para equanimidade é a de um banquete para o qual todos são convidados. Isso significa que tudo e todos, sem exceção, estão na lista de convidados. Considere seu pior inimigo. Considere alguém que poderia fazer-lhe mal. Considere Pol Pot e Hitler, traficantes de drogas que aliciam os jovens. Imagine convidar todos eles para essa festa.

Treinar a equanimidade é aprender a abrir a porta a todos, a receber bem a todos os seres, a convidar a vida para vir visitar. É claro que, quando alguns convidados chegarem sentiremos medo e aversão. Permitimo-nos abrir somente uma fresta da porta, se isso é tudo que conseguimos fazer, no momento, e permitimo-nos fechar a porta, quando necessário. Cultivar a equanimidade é um trabalho em execução. Aspiramos passar nossas vidas treinando na bondade amorosa e na coragem necessárias para receber o que quer que nos apareça – doença, saúde, pobreza, riqueza, tristeza e alegria. Nós os recebemos a todos e passamos a conhecê-los bem.

A equanimidade é maior do que a nossa perspectiva limitada normal. Esperar conseguir o que queremos e ter medo de perder aquilo que temos descrevem nosso estado normal. Os ensinamentos budistas identificam oito variações nessa tendência para ter esperança e medo: prazer e dor, louvor e repreensão, ganho e perda, fama e desgraça. Toda vez que formos pegos em um desses extremos, o potencial para o outro estará sempre presente. Eles sempre acompanham uns aos outros. Nenhuma felicidade duradoura vem de sermos pegos nesse ciclo de atração e repulsão. Nunca poderemos fazer com que a vida chegue ao ponto de eliminar tudo o que nos amedronta e de ficar somente com as coisas boas. Portanto, o guerreiro-*bodhisattva* cultiva a equanimidade, a mente vasta que não restringe a realidade às categorias de pró ou contra, gosto e desgosto.

Para cultivar a equanimidade, praticamos nos flagrarmos ao sentirmos atração ou repulsa, antes que o sentimento se solidifique em anseio ou negatividade. Treinamos permanecer com o ponto sensível e usar nossas tendenciosidades como degraus para nos conectarmos à confusão dos outros. Emoções fortes são úteis nesses casos. O que quer que apareça, não importa o quanto seja sentido como ruim, pode ser usado para ampliar nossa ligação com os outros que sofrem o mesmo tipo de agressão ou anseio – aqueles que, como nós, são apanhados pela esperança ou pelo medo. É assim que chegamos a reconhecer que estamos todos no mesmo barco. Todos nós precisamos, desesperadamente, de mais *insight* sobre o que é que leva à felicidade e o que leva à dor.

Recentemente, eu estive em um centro de prática, visitando uma amiga. Durante alguns dias, ouvi muitas pessoas dizendo como ela estava sempre atrasada para tudo. Eles estavam se sentindo incomodados e irritados. Ela sempre justificava seu atraso com o que lhe pareciam razões válidas. O fato de ela até mesmo se considerar cheia de razão estava irritando as pessoas.

Um dia, eu a encontrei sentada em um banco. Seu rosto estava vermelho e ela tremia de raiva. Ela tinha um encontro com alguém e já estava esperando por quinze minutos, mas a pessoa não aparecia.

Foi difícil não chamar sua atenção para a ironia da sua reação. No entanto, esperei para ver se ela conseguia reconhecer que a situação tinha se invertido, que isto é o que ela vinha fazendo aos outros, por anos. Mas esse *insight* nunca chegou. Ela ainda não conseguia se colocar no lugar dos outros. Em vez disso, ela permanecia completamente indignada, alimentando sua raiva enquanto escrevia bilhetes insultantes. Ela ainda não estava pronta para sentir sua ligação com todas as pessoas a quem ela fez esperar. Como a maioria de nós, ela, sem perceber, intensificava seu sofrimento. Em vez de permitir que a experiência a suavizasse, ela a usava para reforçar sua dureza e indiferença.

É fácil continuar, mesmo após anos de prática, a endurecer em uma posição de raiva e indignação. No entanto, se pudermos fazer contato com a vulnerabilidade e a crueza do ressentimento ou da raiva, ou do que quer que seja, uma perspectiva mais ampla pode se abrir. No momento que escolhermos ficar com a energia, em vez de extravasá-la ou reprimi-la, estaremos treinando na equanimidade, em pensar maior do que no certo ou errado. É assim que todas as quatro qualidades evoluem de limitadas para incomensuráveis: praticamos surpreender nossa mente endurecendo em pontos de vista fixos e, depois, fazendo o possível para suavizá-la. Pela suavidade, as barreiras desmoronam.

Uma prática de momento presente para a equanimidade é descer a rua com a intenção de permanecer tão desperto quanto possível para com quem quer que encontremos. Isso é um treinamento para sermos emocionalmente honestos com nós mesmos e para sermos mais acessíveis aos outros. Ao passarmos pelas pessoas, simplesmente notamos se nos abrimos ou nos fechamos. Notamos se estamos sentindo atração, aversão ou indiferença, sem acrescentar nada mais, assim como um autojulgamento. Poderemos sentir compaixão por alguém que parece deprimido, ou alegria com alguém que está sorrindo para si mesmo. Podemos sentir medo ou aversão por uma outra pessoa sem nem ao menos sabermos por quê. Notar onde nos abrimos ou nos fechamos – sem louvor ou culpa – é a base de nossa prática. Praticar dessa forma, mesmo que somente por um quarteirão de uma rua da cidade, pode nos abrir os olhos.

Podemos levar a prática ainda mais longe, usando o que quer que nos ocorra como base para despertar empatia ou compreensão. Sentimentos fechados, como medo ou repulsa, tornam-se, desta forma, uma oportunidade para nos lembrarmos que os outros também podem ser pegos dessa maneira. Estados de abertura, como amizade e deleite, também nos conectam muito pessoalmente com as pessoas pelas quais passamos na rua. De qualquer modo, estaremos ampliando nosso coração.

Como as outras qualidades incomensuráveis, a equanimidade pode ser formalmente praticada em sete estágios. Quando temos uma sensação de espaço e tranqüilidade, que não esteja aprisionada por preferência ou preconceito, isto é equanimidade. Podemos desejar que nós mesmos e nossos entes queridos possamos permanecer nessa sensação de liberdade. Então ampliamos essa aspiração para nosso amigo, para pessoas neutras e para nosso inimigo. Fazemos, então, a aspiração de que todos nós, os cinco, possamos permanecer na equanimidade. Finalmente, podemos ampliar a aspiração para incluir todos os seres, no tempo e no espaço. "Que todos os seres permaneçam na grande equanimidade, livres de paixão, agressão e preconceito."

Também podemos fazer a prática da equanimidade antes de iniciarmos as práticas da bondade amorosa ou da compaixão. Reflita, simplesmente, sobre quanta dor é causada pelo apego e pela aversão, quanta dor existe em nosso medo de perder a felicidade, quanta dor existe no sentimento de que determinadas pessoas não são dignas de nossa compaixão ou amor. Então, podemos expressar o nosso desejo pela força e pela coragem de sentir a *maitri* e a compaixão ilimitadas por todos os seres – sem exceção –, incluindo aqueles que tememos ou dos quais desgostamos. Com essa intenção, iniciamos as práticas dos sete estágios.

Como diz o *Sutra da maitri*: "Com uma mente ilimitada podemos amar todos os seres viventes, irradiando amizade por todo o mundo, acima, abaixo e à volta, sem limitação." Na prática da equanimidade, treinamos para alargar nosso círculo de compreensão e compaixão, para incluir o bom e o mau, o bonito e o feio. No entanto, a equanimidade sem limitação, totalmente livre de qualquer preconceito, não é a mesma coisa que uma harmonia definitiva onde tudo, finalmente, está bem. É mais o caso de estarmos totalmente engajados com o quer que venha bater à nossa porta. Poderíamos chamá-la de estar completamente vivos.

O treinamento da equanimidade requer que deixemos para trás alguma bagagem: o conforto de rejeitar grandes pedaços de nossa experiência, por exemplo, e a segurança de dar as boas-vindas somente àquilo que nos é agradável. A coragem de continuar com esse processo de desdobramento vem da autocompaixão e de nos darmos tempo bastante. Se continuarmos a praticar dessa maneira, por meses e anos, sentiremos que nossos coração e mente se tornam maiores. Quando as pessoas me perguntam quanto tempo leva isso, eu digo: "Pelo menos até você morrer."

TREZE

CONHECENDO O INIMIGO

Com infalível ternura, sua vida sempre lhe apresenta o que você necessita para aprender. Quer você fique em casa ou trabalhe em um escritório, ou outro lugar, o próximo professor vai aparecer bem à sua frente.

– CHARLOTTE JOKO BECK

A essência da coragem é estar isento de auto-ilusão. No entanto, não é tão fácil lançar um olhar direto ao que fazemos. Ver-nos claramente é de início desconfortável e embaraçoso. Ao nos treinarmos na clareza e na firmeza, vemos coisas que preferiríamos negar – julgamentos, mesquinhez, arrogância. Esses não são pecados, mas antes hábitos de nossa mente, temporários e trabalháveis. Quanto mais viermos a conhecê-los, mais eles perderão seu poder. É assim que chegamos a confiar que nossa natureza fundamental é absolutamente simples, livre da luta entre o bem e o mal.

Um guerreiro começa a assumir responsabilidade por dirigir a sua vida. É como se estivéssemos carregando bagagem desnecessária. Nosso treinamento nos encoraja a abrir as malas e olhar atentamente para o que estamos carregando. Ao fazê-lo, começamos a compreender que muito dessa bagagem não é mais necessária.

Existe um ensinamento tradicional que nos apóia nesse processo: os inimigos próximos e distantes das quatro qualidades incomensuráveis. O inimigo próximo é alguma coisa similar a uma dessas quatro qualidades. No entanto, em vez de nos libertar, ele nos prende. O inimigo distante é o oposto da qualidade; ele também nos atrapalha.

O inimigo próximo ou a compreensão errônea da bondade amorosa é o apego. Existe uma palavra tibetana, *lhenchak*, que o descreve bem. *Lhenchak* mostra como o amor que flui livremente pode se desviar e se enganar. Ensina-se que os *lhenchak* mais fortes ocorrem em três tipos de relacionamentos: entre os pais e seus filhos, entre os amantes e entre os mestres espirituais e seus alunos. *Lhenchak* se caracteriza pelo apego e pelo auto-envolvimento. É como se nos emaranhássemos em uma rede de neuroses compartilhadas. Por sua própria natureza, ele inibe o crescimento humano. Inevitavelmente, o relacionamento *lhenchak* se transforma em uma fonte de irritação e cegueira.

A bondade amorosa é diferente do *lhenchak*. Ela não se baseia na necessidade. É apreciação e cuidado genuínos pelo bem-estar de outra pessoa, um respeito pelo valor de um indivíduo. Podemos amar uma pessoa por ela própria, não por ela ser digna ou indigna, não pelo fato de sermos ou não amados por ela. Isso vai além do relacionamento com pessoas. Ao amarmos mesmo uma flor, sem *lhenchak*, nós a vemos mais claramente e sentimos mais ternura por sua inerente perfeição.

Levamos um choque interessante, na montanha-russa do *lhenchak*, quando começamos a passar pelos sete estágios da aspiração. Alguém, que nos é teoricamente muito querido, poderá se encaixar em diversas categorias. De fato, não são os nossos companheiros ou nossos pais que colocamos na categoria dos amados incondicionalmente. Eles passam diariamente de ente querido para pessoa difícil e, novamente, de volta.

O inimigo distante, ou oposto da bondade amorosa, é o ódio ou a aversão. A desvantagem óbvia da aversão é que ela nos isola dos outros. Ela reforça a ilusão de que somos separados. No entanto, o ponto sensível do *bodhichitta* pode ser encontrado exatamente na rigidez e no calor do ódio. É a nossa vulnerabilidade em encontros difíceis que faz com que nos fechemos. Quando um relacionamento evoca velhas lembranças e antigos desconfortos, ficamos com medo e endurecemos o coração. Justamente no momento em que as lágrimas poderiam vir aos nossos olhos, recuamos e fazemos algo desprezível.

Jarvis Master, meu amigo no corredor da morte, conta a história de um colega prisioneiro chamado Freddie, que começou a se desesperar quando soube da morte de sua avó. Ele não queria permitir que os homens ao seu redor o vissem chorando e lutou para não mostrar a sua dor. Seus amigos perceberam que ele estava a ponto de explodir e tentaram confortá-lo. Então, Freddie começou, violentamente, a golpeá-los. Os guardas da torre começaram a atirar e gritavam para que os amigos de Freddie se afastassem. Mas eles não o fizeram. Eles sabiam que tinham que acalmá-lo. Eles gritaram para os guardas que havia algo errado com ele, que ele necessitava de ajuda. Eles agarraram Freddie e o mantiveram quieto, e cada um deles estava chorando. Como disse Jarvis, eles se voltaram para Freddie "não como prisioneiros embrutecidos mas, simplesmente, como seres humanos".

Existem três inimigos próximos da compaixão: piedade, desalento e compaixão idiota. A piedade, ou calor profissional, é facilmente confundida com a compaixão verdadeira. Quando nos identificamos como aqueles que estão ajudando, vemos os outros como desamparados. Em vez de sentirmos a dor da outra pessoa, colocamo-nos à parte. Se alguma vez já estivemos do lado que recebe a piedade, sabemos quão dolorosa é a sensação. Em vez de calor e apoio, tudo o que sentimos é a distância. Com a verdadeira compaixão, essas identidades superior-inferior são eliminadas.

Desalento é uma sensação de desamparo. Sentimos que existe tanto sofrimento – o que quer que façamos não terá nenhum valor. Tornamo-nos desencorajados. Eu encontrei duas maneiras efetivas de trabalhar o desalento. Uma é treinar com um assunto menos desafiador, encontrar uma situação da qual nos sentimos capazes de dar conta.

Uma mulher me escreveu que, quando leu sobre essas práticas de compaixão, sentiu-se inspirada para fazê-las por seu filho, que era viciado em heroína. Ela, naturalmente, queria que ele se libertasse do sofrimento e de suas causas. Ela, naturalmente, queria que ele tivesse felicidade e alívio. Mas quando começou a praticar, ela descobriu que não podia fazê-lo. No momento em que entrava em contato com a verdade da situação de seu filho, ela se sentia oprimida. Ela decidiu, em vez disso, fazer *tonglen* para as famílias de todos os jovens viciados em heroína. Ela tentou, mas também isto ela não conseguia fazer. A situação era demasiadamente amedrontadora e crua.

Por volta daquela época, ela ligou a televisão e lá estava o time de futebol de sua cidade natal, que tinha acabado de perder um jogo. Ela podia ver o desânimo em seus rostos. Ela, então, começou a fazer *tonglen* e aspirações compassivas para o time derrotado. Ela conseguiu entrar em contato com sua empatia autêntica, sem desalento. Quando se tornou possível fazer as práticas, seus medos e sua sensação de desamparo diminuíram. Aos poucos, ela foi capaz de ampliar a prática para as outras famílias e, finalmente, para seu filho.

Portanto, começar com alguma coisa possível pode ser uma mágica poderosa. Quando encontramos um lugar no qual nosso coração pode se engajar, a compaixão começa a se alastrar por si mesma.

A outra maneira de treinar com o desalento é manter a nossa atenção na outra pessoa. Esta exige mais coragem. Quando a dor de uma outra pessoa dispara medo em nós, voltamo-nos para dentro e começamos a erigir as barreiras. Entramos em pânico porque sentimos que não conseguiremos lidar com a dor. Algumas vezes, deveríamos confiar nesse pânico como um sinal de que ainda não estamos preparados para uma abertura tão ampla. Mas, algumas vezes, em vez de nos fechar ou resistir, poderíamos ter a coragem de fazer algo imprevisível: colocar a nossa atenção de volta na outra pessoa. Isto é o mesmo que manter nosso coração aberto para a dor. Se não pudermos desviar a nossa atenção, talvez possamos deixar de lado o enredo e sentir a energia da dor em nosso corpo, por um segundo, sem nos alienarmos ou nos retrairmos. No entanto, se nenhuma dessas alternativas for possível, por ora, encontramos alguma compaixão para com nossas limitações atuais e seguimos em frente.

O terceiro inimigo próximo da compaixão é a compaixão idiota. Isso é quando evitamos o conflito e protegemos nossa boa imagem, sendo gentis, quando deveríamos dizer um "não" definitivo. A compaixão não implica somente tentar ser bom. Quando nos encontramos em um relacionamento agressivo, precisamos estabelecer fronteiras claras. A coisa mais gentil que podemos fazer, para todos os envolvidos, é saber quando dizer "chega". Muitas pessoas usam os ideais budistas para justificar a auto-anulação. Em nome de não fechar o coração, permitimos que as pessoas pisem em nós. Diz-se que, para não quebrarmos nosso voto de compaixão, precisamos aprender quando fazer parar a agressão e impor o limite. Existem momentos em que a única maneira de derrubar as barreiras é determinar os limites.

O inimigo distante, ou oposto da compaixão, é a crueldade. Quando chegamos ao limite de sofrimento que conseguimos agüentar, algumas vezes usamos a crueldade como defesa contra o nosso medo da dor. Isto é comum para qualquer pessoa que tenha sido maltratada quando criança. Em vez de sentirmos gentileza para com os que estão indefesos e fracos, podemos sentir um desejo irracional de feri-los. Protegemos nossa vulnerabilidade e nosso medo tornando-nos embrutecidos. Se não reconhecermos que fazendo isto estamos nos ferindo tanto quanto ferimos aos outros, nunca nos libertaremos. Booker T. Washington estava certo ao dizer: "Não permita que alguém o rebaixe tanto a ponto de você vir a odiá-lo." A crueldade, quando racionalizada ou não reconhecida, nos destrói.

O inimigo próximo da alegria é o superentusiasmo. Podemos nos transportar para um estado maníaco e confundir o fato de estarmos alienados, circulando bem acima das tristezas do mundo, com a alegria incondicional. Novamente, em vez de nos conectar com os outros, isto nos separa. Júbilo autêntico não é um estado eufórico ou uma sensação de estar intoxicado. Pelo contrário, é um estado de apreciação que nos permite participar totalmente de nossa vida. Treinamos em nos alegrar com a boa fortuna, nossa e dos outros.

O inimigo distante da alegria é a inveja. Até começar a praticar para me alegrar com a boa fortuna dos outros, eu nunca tinha percebido o quanto eu podia ser invejosa. Dizer que isto foi humilhante é dizer pouco. Fiquei espantada ao constatar quão freqüentemente eu reajo ao sucesso dos outros com rancor. Quando soube que o livro de uma conhecida havia vendido mais do que o meu, instantaneamente eu senti inveja. Talvez porque essas práticas exponham nossas falhas ocultas é que, algumas vezes, relutamos em fazê-las. Mas essa é uma razão para continuarmos treinando: é preciso prática para ficarmos conosco, assim como somos, em nossa totalidade.

O inimigo próximo da equanimidade é o desinteresse ou a indiferença. Especialmente na prática espiritual, é fácil confundir o estado de estar pairando acima da confusão da vida com a genuína equanimidade. Somos abertos, amistosos, serenos e estamos orgulhosos de havermos transcendido a revolta emocional. Se sentimos angústia, embaraço ou raiva, pensamos que, realmente, estragamos tudo. No entanto, sentir uma revolta emocional não é um passo em falso espiritual; é esse o lugar onde o guerreiro aprende a compaixão. É onde aprendemos a parar de lutar contra nós mesmos. Somente quando pudermos permanecer nesses lugares que nos assustam é que a equanimidade se torna inabalável.

O inimigo distante da equanimidade é o preconceito. Tornamo-nos convencidos de nossas crenças e nos colocamos firmemente a favor ou contra os outros. Tomamos partido. Tornamo-nos inflexíveis. Temos inimigos. Esta polarização é um obstáculo à equanimidade genuína que resulta em ação compassiva. Se desejamos diminuir a injustiça e o sofrimento, temos que fazê-lo com uma mente sem preconceitos.

As práticas do coração nos preparam para nos tornarmos íntimos conhecedores dos inimigos, próximos e distantes. Nosso treinamento é quase como convidá-los a nos visitar. Ao nos aproximarmos de nossa genuína capacidade de nos alegrarmos, chegamos a conhecer nosso ciúme e nosso ressentimento. Ao começarmos o treinamento para abrirmos nosso coração, vemos de perto o preconceito e a indiferença. Ao passarmos pelos estágios de aspiração, esses sentimentos recalcados tornam-se mais vívidos.

Esses inimigos são bons mestres e nos mostram que podemos nos aceitar, e aos outros, completamente, com todas as imperfeições. Desenvolvemos confiança em nossa mente aberta e generosa. Ao fazermos isso, descobrimos a força que nos permite entrar no sofrimento do mundo.

QUATORZE

COMEÇAR DE NOVO

Somos todos filhos do Grande Espírito, pertencemos todos à Mãe Terra. Nosso planeta está em grande perigo e, se continuarmos com velhos rancores e não trabalharmos juntos, morreremos todos.

– CHEFE SEATTLE

O perdão é um ingrediente essencial da prática do *bodhichitta*. Ele nos permite abandonar o passado e fazer um novo começo.

Quando uma querida amiga minha estava para morrer, um mestre tibetano lhe disse para rever sua vida com honestidade e compaixão. Esse processo levou-a a alguns lugares bem escuros, cantos de sua mente nos quais ela estava presa a culpas e ressentimentos. Então o mestre a instruiu no perdão, dizendo que a coisa mais importante a fazer era perdoar a si mesma. Ele sugeriu que ela fizesse uma variação do *tonglen*. Ela deveria iniciar visualizando a si mesma e então, intencionalmente, trazer à tona todos os pesares de sua vida. O objetivo não era permanecer nas lembranças dolorosas, mas entrar em contato com os sentimentos subjacentes à dor: culpa ou vergonha, confusão ou remorso. Os sentimentos não precisavam receber nomes, ela deveria fazer contato com a fixação de maneira não-verbal.

O próximo passo era respirar esses sentimentos para dentro de seu coração, abrindo-o tanto quanto possível, e, então, enviar perdão para si mesma. Depois disto, ela deveria pensar nas outras pessoas que estivessem sentindo a mesma angústia, respirar a dor delas, bem como a sua, para dentro de seu coração e enviar perdão a todos. Minha amiga achou que isto foi um processo de cura. Permitiu que ela fizesse as pazes com aqueles a quem ela tinha magoado e com aqueles que a feriram. Ela foi capaz de se libertar de sua vergonha e de sua ira, antes de morrer.

Uma mulher que veio a Gampo Abbey para um retiro *tonglen* tinha sofrido severos abusos sexuais por parte de seu pai. Ela se identificava fortemente com pássaros engaiolados e contou-me que, freqüentemente, se sentia como um pássaro em uma gaiola. Durante o *tonglen*, ela inspirava o sentimento de ser pequena e engaiolada; na expiração, ela abria a porta e deixava que todos os pássaros saíssem. Um dia, ao recolher e enviar, dessa forma, ela experimentou um dos pássaros sair voando e pousar no ombro de um homem. Então, o homem se virou e ela viu que ele era o seu pai. Pela primeira vez em sua vida ela foi capaz de perdoá-lo.

O perdão, ao que parece, não pode ser forçado. No entanto, quando somos corajosos o suficiente para abrir o coração para nós mesmos, o perdão emergirá.

Há uma prática simples que podemos fazer para cultivar o perdão. Primeiro, reconhecemos aquilo que sentimos – vergonha, vingança, embaraço, remorso. Então, nós nos perdoamos por sermos humanos. Em seguida, no espírito de não ficar curtindo a dor, deixamos ir e começamos de novo. Não temos mais que carregar o fardo conosco. Podemos reconhecer, perdoar e começar de novo. Se praticarmos dessa forma, aos poucos aprenderemos a permanecer com o sentimento de desgosto por termos ferido a nós e aos outros. Aprenderemos, também, o autoperdão. Eventualmente, com o tempo e no nosso próprio ritmo, até mesmo encontraremos nossa capacidade de perdoar aqueles que nos fizeram mal. Descobriremos o perdão como uma expressão natural do coração aberto, uma expressão de nossa bondade fundamental. Esse potencial é inerente a todos os momentos. Cada momento é uma oportunidade para começar de novo.

QUINZE

FORÇA

Pratique as cinco forças, as instruções essenciais para o coração.

– MÁXIMAS DE ATISHA PARA O TREINAMENTO DA MENTE

As cinco forças são a *forte determinação*, a *familiaridade* com os ensinamentos e as práticas do *bodhichitta*, a *semente da bondade*, que se encontra em todo ser vivo, a prática da *repreensão* e o poder da *aspiração*. Essas são cinco maneiras com que um guerreiro aumenta sua confiança e inspiração.

Forte determinação é o nosso compromisso de usar nossa vida para dissolver a indiferença, a agressão e o apego que nos separam uns dos outros. É um compromisso para respeitar o que quer que a vida nos traga. Como guerreiros em treinamento, desenvolvemos uma sincera determinação de usar o desconforto como uma oportunidade para despertar, em vez de tentar fazê-lo desaparecer. Como permanecer com nossas emoções desagradáveis, sem nos refugiarmos nas nossas estratégias usuais? Como agarrar nossos pensamentos antes que eles se tornem cem por cento verdade e se solidifiquem em "nós" contra "eles"? Onde encontrar o calor que é essencial ao processo de transformação? Temos um compromisso de explorar essas questões. Estamos determinados a encontrar uma maneira de reconhecer nosso parentesco com os outros, determinados a continuar treinando para abrir a nossa mente. Essa forte determinação gera força.

A *familiaridade* é a força que nos vem quando levamos os ensinamentos ao coração, tornando-nos íntimos deles, ao usá-los cada vez mais.

Ao acordarmos, de manhã, e recomeçarmos o nosso treinamento do *bodhichitta*, o que usaremos como material? Somente nosso dia normal, com todas as suas variações – agradável, desagradável ou, simplesmente, mundano.

O que acontecerá conosco hoje é totalmente desconhecido, tão desconhecido como o que acontecerá na morte. Nosso compromisso é usar o que quer que aconteça para despertar nosso coração. Como diz uma das máximas: "Todas as atividades devem ser realizadas com uma intenção." A intenção é reconhecer nossa conexão com todos os seres.

Tive o prazer, recentemente, de ir à piscina de um amigo, no campo. Eu tinha acabado de receber uma carta e então, quando lá cheguei, fiquei sentada no carro para lê-la. A carta era muito direta. Ela me chamava a atenção que, em uma determinada situação, eu tinha deixado de me comunicar com as pessoas devidas. A falta de comunicação clara, de minha parte, tinha causado confusão e desapontamento. Ler essa carta me trouxe uma surpreendente quantidade de dor. Tudo em mim queria fugir, e eu adotei uma estratégia comum: culpa. Era culpa de outra pessoa que isto tivesse acontecido.

Ali mesmo, no carro, peguei uma caneta e comecei a escrever uma carta à pessoa que eu considerava culpada. Tornei a culpa sólida e real: eu a pus no papel. Eu sabia que deveria parar de escrever, mas disse para mim mesma: "Como posso pedir a outras pessoas que façam esse tipo de prática? É pedir demais. É muito desafiador, muito difícil." Eu saí do carro e me sentei à beira da piscina, e a dor era tão terrível que, naquele momento, eu esqueci tudo sobre os ensinamentos a respeito do *bodhichitta*. Eu não queria ser um guerreiro. Por outro lado, eu sei que a infelicidade está na fuga, em me direcionar para longe do desconforto. Acredite em mim, fiz isto o suficiente para saber que é verdade.

Eu tentei me encorajar, dizendo que sou maior do que meus pensamentos e minhas emoções. Também reconheci meus pensamentos, ouvindo o que eu estava dizendo sobre mim mesma e sobre os outros. Mas nenhuma mudança acontecia, absolutamente nenhuma.

Finalmente, eu entrei na piscina e comecei a nadar. Depois de nadar para lá e para cá, uma meia dúzia de vezes, apoiei meus cotovelos na borda da piscina e comecei a chorar. Naquele momento eu estava subjugada pela sensação de como sofremos.

Então, não por estar fazendo uma prática específica mas porque estou tão familiarizada com encontrar o ponto sensível, uma reserva de empatia apareceu, aparentemente de lugar nenhum, completamente disponível para mim. Fui capaz de me conectar profundamente com meus irmãos e irmãs ao redor do mundo.

Tudo que eu tinha feito lá, sentada à beira da piscina, tinha sido, de certo modo, ficar. Eu estava tentando me lembrar dos ensinamentos e praticar, mas o que quer que eu fizesse não era importante. Não existe uma fórmula para fazer esse tipo de trabalho. Minha disposição de permanecer no desconforto foi o que permitiu que algo mudasse. Então, a reserva de compaixão começou a emergir.

Freqüentemente não há tal recompensa. Ficar com a tristeza ou a dor não é necessariamente um processo de imediato gratificante. Mas, com o tempo, começamos a nos sentir mais leves e mais corajosos. A familiaridade com os ensinamentos e com as práticas do *bodhichitta*, de maneira consistente, é como aprendemos a permanecer com a angústia e a sentir a nossa humanidade compartilhada. É assim que tornamos úteis e sinceros os ensinamentos em nossas vidas.

A terceira fonte de inspiração é a *semente da bondade*. A força da semente positiva, a semente do *bodhichitta*, é que reservas de abertura e de ternura estão disponíveis para nós. Algumas vezes, é necessário uma pequena dose de fé para nos lembrarmos de nossa bondade fundamental. O truque é nos conectarmos com o ponto sensível que já possuímos. Encontrar pequenas maneiras pelas quais a semente da bondade se manifesta, em nossa vida, algumas vezes ajuda. Encontrar a capacidade de nos alegrarmos e de nos preocuparmos, mesmo que de forma passageira, reforça nossa confiança. Ver como bloqueamos nosso coração e como fechamos nossa mente nos traz autocompaixão e o desejo de não mais o fazer.

Portanto, a nossa prática é continuar regando a semente. Nós a regamos quando pensamos nos outros, tanto quando estamos felizes quanto quando estamos sofrendo. Nós a regamos ao reconhecer nosso parentesco com todos os seres, através do tempo e do espaço. Nós a regamos por notar nossas reações negativas e positivas, com quem ou com o que quer que encontremos. Nós a regamos com gentileza e com honestidade. Aprendemos a perguntar: "Como poderei usar este sofrimento e esta alegria como um veículo para a transformação?" E praticamos ser gentis quando nos sentimos incapazes de prosseguir.

A quarta força é a *repreensão*. A repreensão pode ser enganadora porque ela sai pela culatra, se não houver *maitri*. Sua força é que, se usada com bondade amorosa, ela nos afastará dos nossos debilitantes padrões habituais. O método mais gentil de repreensão é perguntar-nos: "Já fiz isto alguma vez, antes?" Quando suspeitamos que estamos nos afastando do momento, podemos dizer-nos, como um lembrete: "Esta maneira de agir ou de pensar parece familiar?"

Trungpa Rinpoche encorajava seus alunos a serem *bodhisattvas* excêntricos e a "dar uma dura" no ego. Ele sugeria que, em lugar de ouvir o rádio ou de cantar no chuveiro, falássemos com nosso ego: "O.k., ego. Durante toda a minha vida você andou me criando problemas, mas agora eu estou ficando bem mais esperto. Não vou cair na sua conversa nem por um dia mais!"

Patrul Rinpoche conta algumas histórias deliciosas sobre um monge chamado Geshe Ben. Repreender o ego era uma de suas principais práticas. Ele se especializou em se surpreender ao ser fisgado. Um dia, uns benfeitores convidaram Geshe Ben para uma refeição. Depois de terminada, ele foi deixado só na sala, com um grande saco de farinha.

Sem pensar, ele enfiou sua tigela no saco e começou a pegar um pouco, para levar em sua viagem. Com sua mão dentro do saco, ele exclamou: "Ben, veja o que você está fazendo!" Então ele gritou: "Ladrão! Ladrão!" Os benfeitores acorreram e o encontraram lá, de pé, sua mão ainda dentro do saco, gritando: "Eu o peguei! Eu o peguei! Eu peguei o ladrão em flagrante!" É esse o espírito da repreensão. Incluir senso de humor é que faz com que funcione.

Na próxima vez que Geshe Ben partilhou uma refeição com seus benfeitores, eles estavam servindo também outros monges. Foram oferecidas muitas comidas deliciosas, inclusive iogurte – sua favorita –, e Ben estava no fim da fila. Após algum tempo, ele foi ficando nervoso de que não houvesse o suficiente. Enquanto os criados serviam o iogurte, ele observava nervosamente para ver quanto os outros estavam pegando, sentindo-se irritado com aqueles que pegavam mais e feliz com os que pegavam menos. Então, de repente, ele se surpreendeu no ato, gritando: "Ben, veja o que você está fazendo!" Quando, finalmente, chegou sua vez, ele cobriu sua tigela, dizendo: "Não! Não! Chega de iogurte para este viciado em iogurte!"

O ponto, na repreensão, é desenvolver suficiente auto-respeito para nos permitir parar quando nos surpreendemos sendo fisgados pelos nossos comportamentos habituais. Não estamos castigando nossa maldade; estamos simplesmente ficando mais espertos sobre o que nos traz sofrimento e sobre o que nos traz felicidade. Estamos, finalmente, nos dando uma chance.

A quinta força é a força que vem da *aspiração*. Podemos ainda não nos sentir prontos para agir, mas, mesmo em situações muito difíceis, podemos fazer alguma coisa para ajudar. Podemos aspirar a despertar o *bodhichitta*, para nos libertarmos da neurose e para sermos benéficos. Podemos aspirar a encontrar a força e a capacidade de amar do guerreiro.

Um discípulo me contou que cedo, numa manhã, ele ouviu uma mulher gritando na rua. Ele vivia em um centro de prática na cidade;

outras pessoas acordaram e eles todos saíram para ajudar. Mas, antes que isso acontecesse, ele teve de reconhecer que, quando ouviu os gritos pela primeira vez, sentiu aversão em relação àquela mulher. Ele não estava preparado nem mesmo para fazer a aspiração de estar em seu lugar. Ele não conseguia aspirar a sentir sua dor. Era por demais aterrorizante imaginar estar tão vulnerável e tão desprotegido. Seu sentimento foi: "Antes ela do que eu." Então, lá mesmo, no local, ele pensou em todas as pessoas que, como ele, desejam ajudar, mas não conseguem. E ele fez uma aspiração genuína para que, nesta mesma vida, ele e todos os outros possam lidar com seus medos e remover as barreiras da separação.

Estas são, portanto, as cinco forças que podemos utilizar em nossa prática de despertar o *bodhichitta*:

- Cultivar uma *forte determinação* e um compromisso de nos relacionarmos abertamente com o que quer que a vida nos apresente, inclusive nossa angústia emocional.
- Construir *familiaridade* com as práticas do *bodhichitta*, por seu emprego na prática formal, bem como no dia-a-dia.
- Regar a *semente do bodhichitta*, tanto nas situações deliciosas quanto nas infelizes, de modo que possa crescer nossa confiança nesta semente positiva.
- Usar da *repreensão* – com gentileza e humor – como uma maneira de nos surpreendermos antes que venhamos a causar mal, a nós mesmos ou aos outros.
- Nutrir o hábito da *aspiração*, para nós todos, para que o sofrimento e suas raízes diminuam e para que aumentem a sabedoria e a compaixão, alimentando o hábito de cultivar, sempre, nosso coração generoso e nossa mente aberta.

DEZESSEIS

TRÊS TIPOS DE PREGUIÇA

No jardim da gentil sanidade,
Que você seja bombardeado por cocos de vigilância.

– CHÖGYAM TRUNGPA RINPOCHE

A *preguiça* é uma característica humana comum. Infelizmente, ela inibe a energia do despertar e mina nossa confiança e nossa força. Existem três tipos de preguiça – orientação ao conforto, perda de entusiasmo e "não ligo a mínima". Estas são as três maneiras pelas quais ficamos presos aos padrões habituais debilitantes. No entanto, explorá-las com curiosidade faz com que o seu poder se dissolva.

O primeiro tipo de preguiça, orientação ao conforto, está baseado em nossa tendência de evitar a inconveniência. Queremos descansar, nos dar um tempo. Mas tranqüilizar-nos, acalmar-nos se torna um hábito e ficamos exaustos e preguiçosos. Se estiver chovendo, preferimos dirigir por meia quadra a nos molharmos. Ao primeiro sinal de calor, ligamos o ar-condicionado. Na primeira ameaça de frio, ligamos o aquecimento. Dessa maneira, perdemos contato com a textura da vida. Confiamos na "adrenalina" rápida e ficamos acostumados a resultados automáticos.

Esse tipo especial de preguiça pode nos tornar agressivos. Ficamos indignados com a inconveniência. Quando o carro não funciona, quando ficamos sem os serviços de água ou de eletricidade ou quando temos que nos sentar no chão frio, sem acolchoado, nós explodimos. A orientação ao conforto entorpece nossa percepção dos odores, da vista e dos sons. Também nos faz insatisfeitos. De algum modo sabemos, sempre, em nosso coração, que o prazer puro não é o caminho para a felicidade duradoura.

O segundo tipo de preguiça é a perda de entusiasmo. Temos uma sensação de desesperança, de "pobre de mim". Sentimo-nos tão empobrecidos que não somos capazes de lidar com o mundo. Sentamo-nos em frente à TV, comendo, bebendo e fumando, estupidamente assistindo a programa após programa. Não conseguimos nos motivar a fazer qualquer coisa que venha a arejar nossa perda de entusiasmo. Mesmo que consigamos nos forçar a levantar e abrir uma janela, nós o fazemos com uma sensação de vergonha. Fazemos um gesto externo de romper com a preguiça, mas, no interior, ainda mantemos a essência da desesperança. Aquele gesto de nos animar ou de forçar ainda é uma expressão da perda de entusiasmo. Ainda estamos nos dizendo: "Sou o pior. Não há esperança para mim. Nunca vou conseguir fazer direito." Dessa forma, não nos damos nenhuma chance. Esquecemos de como nos ajudar; falta-nos a percepção do que nos traria alívio verdadeiro.

O terceiro tipo de preguiça, "não dou a mínima", se caracteriza pelo ressentimento. Estamos dizendo ao mundo que se dane. É similar à perda de entusiasmo, mas é muito mais dura. A perda de entusiasmo possui uma espécie de suavidade e vulnerabilidade. Não dou a mínima é mais agressiva e desafiadora. "O mundo está uma bagunça. Não está me dando aquilo que mereço. Por que me preocupar, então?" Vamos ao bar e passamos o dia bebendo e, se alguém falar conosco, arrumamos uma briga. Ou fechamos as cortinas, entramos na cama e cobrimos a cabeça com as cobertas. Se alguém tentar nos animar, que os céus o ajudem! Chafurdamos em nos sentir desvalorizados e abandonados. Não queremos encontrar uma saída. Só queremos ficar por ali, sentindo-nos arrasados pela melancolia. Usamos a preguiça como nossa maneira de conseguir uma vingança. Esse tipo de preguiça pode facilmente se converter em uma depressão incapacitante.

Existem três métodos habituais que os seres humanos usam para se relacionar com a preguiça, ou com qualquer emoção perturbadora. Eu os chamo de as três estratégias fúteis – as estratégias de atacar, de desculpar e de ignorar.

A estratégia fútil de atacar é especialmente popular. Ao ver a nossa preguiça, condenamo-nos. Criticamo-nos e envergonhamo-nos por cedermos ao conforto, por nossa autopiedade, ou por não sairmos da cama. Chafurdamos no sentimento de sermos maus e culpados.

A estratégia fútil de desculpar é igualmente popular. Justificamos e até aplaudimos a nossa preguiça. "É assim mesmo que eu sou. Eu não mereço desconforto e inconveniência. Tenho razões o suficiente para estar enraivecido, ou para dormir vinte e quatro horas por dia." Podemos estar assombrados por dúvidas a nosso respeito e por sentimentos de inadequação, mas nos convencemos a perdoar nosso comportamento.

A estratégia de ignorar é bastante eficaz, pelo menos por algum tempo. Nós nos dissociamos, viajamos, ficamos entorpecidos. Fazemos o que for possível para nos distanciarmos da verdade nua de nossos hábitos. Ligamos o piloto automático e, simplesmente, evitamos olhar muito de perto para aquilo que estamos fazendo.

As práticas de treinamento da mente do guerreiro nos apresentam uma quarta alternativa, a alternativa de uma estratégia iluminada. Esta é a estratégia de sentir completamente o que quer que estejamos tentando resistir, sem fugir usando as nossas três maneiras habituais. Ficamos curiosos sobre os três tipos de preguiça. Com o treinamento do *bodhichitta,* praticamos não resistir à resistência, entrando em contato com a ternura e a ausência de chão fundamentais de nosso ser, antes que ele endureça. Fazemos isso com a clara intenção de que diminua nosso apego ao ego e aumentem nossas sabedoria e compaixão.

É importante reconhecer que, normalmente, não queremos investigar a preguiça, ou qualquer outro hábito. Queremos ceder a eles, ignorar ou condená-los. Queremos continuar com as três estratégias fúteis porque as associamos a alívio. Queremos continuar a fugir para a orientação ao conforto, para falar interminavelmente com nós mesmos sobre nossa perda de entusiasmo ou para ruminar o fatalismo de não dar a mínima.

Em algum ponto, no entanto, talvez comecemos a ficar curiosos e a fazer perguntas tais como: "Por que é que estou sofrendo? Por que nada se esclarece? Por que minha insatisfação e meu tédio se tornam mais fortes a cada ano que passa?"

É então que, talvez, consigamos nos lembrar de nosso treinamento. É então que, talvez, nos sintamos preparados para tentar experimentar a abordagem compassiva do guerreiro. É então que a instrução de permanecer com a ternura e de não enrijecer pode começar a fazer sentido.

Então começamos a examinar nossa preguiça e a experimentar diretamente a sua qualidade. Começamos a conhecer nosso medo da inconveniência, nossa vergonha, nosso ressentimento, nossa estagnação, e passamos a entender que os outros também se sentem da mesma maneira. Prestamos atenção às histórias que nos contamos e notamos como elas fazem nosso corpo enrijecer. Com a continuidade da prática, compreendemos que não precisamos mais acreditar nessas histórias. Fazemos do *tonglen*, da meditação sentada e das outras práticas do *bodhichitta* as maneiras de nos abrirmos à crueza da energia emocional. Começamos a sentir alguma ternura, reconhecendo que todos são aprisionados, como nós, e que todos poderíamos ser livres.

A preguiça não é especialmente terrível ou maravilhosa. Em vez disso, ela possui uma qualidade viva básica, que merece ser sentida exatamente como é. Talvez venhamos a encontrar na preguiça uma qualidade irritante, pulsante. Poderíamos senti-la como enfadonha e pesada, ou como vulnerável e crua. O que quer que venhamos a descobrir, ao continuarmos a exploração, não encontraremos nada a que nos agarrar, nada sólido, somente uma energia solta e desperta.

Esse processo de sentir a preguiça diretamente e de maneira não-verbal é transformador. Ele libera uma tremenda energia que é normalmente bloqueada pelo nosso hábito de fugir. Isso ocorre porque, ao parar de resistir à preguiça, nossa identidade como aquele que é preguiçoso começa a se desfazer completamente. Sem os antolhos do ego, conectamo-nos a uma nova perspectiva, a uma visão maior. É assim que a preguiça – ou qualquer outro demônio – nos inicia na vida compassiva.

DEZESSETE

ATIVIDADES DE UM *BODHISATTVA*

Como os Budas de antigamente deram à luz o bodhichitta
E progressivamente se estabeleceram no treinamento de um bodhisattva,
Então, também eu, para benefício dos seres, dou à luz o bodhichitta
E me treino, progressivamente, nesta disciplina.

– SHANTIDEVA

Poucos de nós se satisfazem com retirar-se do mundo e passar a somente trabalhar consigo mesmos. Queremos que nosso treinamento se manifeste e que seja benéfico. Portanto, o guerreiro-*bodhisattva* faz um voto para despertar, não somente por si mesmo, mas também pelo bem-estar de todos os seres.

Existem seis atividades tradicionais nas quais o *bodhisattva* treina, seis maneiras de viver compassivamente: generosidade, disciplina, paciência, entusiasmo, meditação e *prajna* – sabedoria incondicional. Tradicionalmente, elas são chamadas de os seis *paramitas*, uma palavra em sânscrito que significa "passado para a outra margem". Cada uma é uma atividade que podemos usar para nos levar além da aversão e do apego, além do ficarmos presos a nós mesmos, além da ilusão de separação. Cada *paramita* tem a capacidade de nos levar além do nosso medo de nos libertarmos.

Por meio do treinamento *paramita* aprendemos a ficar confortáveis com a incerteza. Ir para a outra margem possui uma qualidade de falta de apoio, um senso de ser pego no meio, ser pego em um estado intermediário. Entramos em uma balsa, nesta margem, onde estamos lutando com noções de certo e errado, ocupados em solidificar a ilusão de chão pela procura constante da previsibilidade. E estamos atravessando o rio, para o outro lado, onde estaremos liberados da estreiteza mental e do pensamento dualístico que caracterizam o apego ao ego. Esta é a imagem tradicional.

Esta é a imagem que eu prefiro: no meio do rio, já sem poder mais enxergar a margem, a balsa começa a se desintegrar. Nós nos encontramos sem absolutamente nada a que nos agarrar. Do nosso ponto de vista convencional, isto é aterrorizante e perigoso. No entanto, uma pequena mudança de ponto de vista pode nos dizer que não ter nada a que se agarrar é libertador. Poderíamos ter fé em que não iremos nos afogar. Não nos agarrar a coisa alguma significa poder relaxar neste mundo fluido, dinâmico.

O *prajnaparamita* é a chave para esse treinamento. Sem o *prajnaparamita* – ou o *bodhichitta* incondicional – as outras cinco atividades podem ser usadas para nos dar uma ilusão de terra firme. O fundamento do *prajnaparamita* é a atenção plena, um questionamento aberto da nossa experiência. Questionamos sem a intenção de encontrar soluções permanentes. Cultivamos uma mente alerta e inquisitiva, que não se satisfaz com visões limitadas ou parciais.

É como estar deitado na cama, antes do amanhecer, e escutar o barulho da chuva no telhado. Esse simples som pode ser um desapontamento, pois estávamos planejando fazer um piquenique. Pode ser agradável, porque nosso jardim está tão seco. Mas a mente flexível do *prajna* não tira conclusões do tipo bom ou mau. Ela percebe o som sem adicionar nada de extra, sem julgamentos de feliz ou de triste.

É com essa mente do *prajna*, sem fixação, que praticamos a generosidade, a disciplina, o entusiasmo, a paciência e a meditação, passando da mente estreita para a flexibilidade e a coragem.

A essência da generosidade é se desapegar. Dor é sempre um sinal de que estamos nos prendendo a algo – normalmente a nós mesmos. Quando nos sentimos infelizes, inadequados, ficamos mesquinhos e agarramos com força. A generosidade é uma atividade que nos solta. Ao oferecer aquilo que podemos – um dólar, uma flor, uma palavra de encorajamento –, estamos praticando o desprendimento. Como disse Suzuki Roshi: "Doar é desapego; simplesmente não ter apego a nada é doar."

Existem tantas maneiras de praticar a generosidade. O ponto principal não é tanto o que damos, mas que nos libertemos do nosso hábito de nos apegarmos. Uma prática tradicional é simplesmente oferecer, com nossas próprias mãos, um objeto que apreciamos. Uma mulher que conheço decidiu que iria doar qualquer coisa a que estivesse apegada. Um homem deu dinheiro a pedintes na rua, todos os dias, durante seis meses, após a morte de seu pai. Essa foi a sua maneira de lidar com a dor. Uma outra mulher treinou em visualizar que estava dando aquilo que mais temia perder.

Um jovem casal decidiu lidar com sua ambivalência a respeito de mendigos dando dinheiro à primeira pessoa que lhes pedisse, todos os dias. Eles estavam sinceramente tentando lidar com sua confusão sobre o assunto dos sem-teto e tinham um programa: eles seriam pessoas boas e generosas, cumpririam seu nobre dever e, depois, esqueceriam dos seus sentimentos conflitantes pelo resto do dia.

Uma manhã, um bêbado pediu dinheiro a essa mulher, quando ela entrava em uma loja. Mesmo sendo o primeiro mendigo do dia, sua presença a repugnou e ela não quis lhe dar nada. Ao sair da loja, ela lhe deu uma nota, apressadamente, e se afastou depressa. Ao dirigir-se para seu carro, ela ouviu uma voz chamando: "Senhora, senhora!" Ela se voltou e lá estava o bêbado, que lhe disse: "Acho que a senhora cometeu um engano! A senhora me deu uma nota de cinco."

A prática de doar nos mostra onde estamos resistindo, onde ainda estamos nos apegando. Começamos com nossos planos bem elaborados, mas a vida os atrapalha. O verdadeiro desprendimento se desenvolverá a partir de um gesto de generosidade. A nossa perspectiva convencional começará a mudar.

É fácil ver os *paramitas* como um rígido código de ética, uma lista de regras. Mas o mundo do *bodhisattva* não é simples assim. O poder dos *paramitas* não é que eles sejam mandamentos, mas que eles confrontem nossas reações habituais. Isto é especialmente verdade para o *paramita* da disciplina. Disciplina é a conduta que faz diminuir o sofrimento. O guerreiro evita condutas não virtuosas, tais como matar, falar mal, roubar e conduta sexual inconveniente. Estas diretrizes, no entanto, não estão escritas em pedra. O essencial é a intenção de abrir o coração e a mente. Se realizarmos boas ações com uma atitude de superioridade ou indignação, estaremos simplesmente adicionando mais agressão ao planeta.

O treinamento *paramita* tem uma maneira de nos tornar humildes e de manter-nos honestos. Ao praticarmos a generosidade, nos tornamos íntimos de nossa avidez. Quando praticamos a disciplina de não causar mal, vemos a nossa rigidez e a nossa intransigência. Nossa prática é trabalhar com a mente flexível do *prajna* usando as diretrizes da conduta compassiva – ver as coisas sem os "deve" e "não deve".

Não estamos nos apoiando em um código de conduta e condenando todos aqueles que não o seguem. Se traçarmos uma linha no centro de uma sala e dissermos às pessoas presentes para se posicionarem na categoria de "virtuosas" ou "não virtuosas", estaremos verdadeiramente mais liberados porque escolhemos o lado das "virtuosas"? O mais provável é estarmos sendo simplesmente mais arrogantes e orgulhosos. *Bodhisattvas* podem ser encontrados entre ladrões, prostitutas e assassinos.

Existe uma história budista tradicional sobre um capitão de navio, Coração Compassivo, que estava viajando com quinhentas pessoas quando um pirata, Lanceiro Raivoso, abordou o barco e ameaçou matar a todos. O capitão compreendeu que, se o pirata fizesse isso, estaria lançando as sementes de seu próprio e intenso sofrimento. Movido pela compaixão, tanto pelo pirata quanto pelas pessoas, o capitão matou Lanceiro Raivoso. No mesmo espírito, algumas vezes temos que dizer uma mentira, de modo que proteja alguém de um mal.

Não existe um ato que seja inerentemente virtuoso ou não virtuoso. O guerreiro treina nas disciplinas de não causar mal, sabendo que a maneira de fazê-lo habilmente irá mudar conforme as circunstâncias. Ao praticarmos a disciplina com flexibilidade, tornamo-nos menos moralistas e mais tolerantes.

Ao nos treinarmos no *paramita* da paciência, em primeiro lugar, somos pacientes com nós mesmos. Aprendemos a relaxar com a inquietude de nossa energia – a energia da raiva, do tédio e da excitação. A paciência exige coragem. Ela não é um estado ideal de calma. De fato, ao praticarmos a paciência, veremos muito mais claramente a nossa agitação.

Um homem decidiu treinar-se na paciência durante sua ida matinal ao trabalho. Ele achou que estava se saindo muito bem. Ele era paciente quando os outros motoristas o fechavam. Ele era paciente quando eles buzinavam. Quando ficou ansioso pois o tráfego intenso iria fazê-lo se atrasar, ele foi capaz de relaxar em sua energia agitada. Ele estava indo maravilhosamente. Então, ele teve que parar para uma mulher na faixa de pedestres. Ela estava caminhando bem devagar. O homem ficou lá, sentado, praticando a paciência – deixando que os pensamentos se fossem e conectando-se com sua inquietude, da maneira mais direta que podia. De repente, a mulher se virou, deu um chute em seu carro e começou a gritar com ele. Nesse ponto, ele perdeu totalmente a calma e começou a gritar de volta. Então ele se lembrou de ter ouvido dizer que, ao praticar a paciência, vemos nossa raiva muito mais claramente. Ele começou a inspirar pela mulher e por ele mesmo. Aqui estavam eles – dois estranhos gritando um com o outro –, e ele sentiu o absurdo e a ternura da situação.

Ser ambicioso a respeito da prática do *paramita* é uma preparação para o fracasso. Quando desistimos da esperança de fazer tudo direito e do medo de fazer errado, compreendemos que tanto ganhar quanto perder são aceitáveis. Em qualquer dos casos, nada temos a que nos apegar. De momento a momento, estamos viajando para a outra margem.

O *paramita* do entusiasmo está ligado à alegria. Ao praticar esse *paramita*, como crianças que aprendem a andar, treinamos com avidez, mas sem uma meta. Essa energia alegre, elevada, não é uma questão de sorte. Ela requer um treinamento contínuo em atenção plena e *maitri*, na dissolução das barreiras e em abrir o coração. O entusiasmo irá emergir ao aprendermos a relaxar na insegurança. Praticamos o que chamamos de tripla pureza – pouco importa o agente, pouco importa a ação, pouco importa o resultado. Esse alegre esforço tem suas raízes na ausência de expectativa, na ausência de ambição e na ausência de esperança de qualquer recompensa. Simplesmente, avidamente, colocamos um pé na frente do outro e não ficamos desencorajados ao cairmos de cara no chão. Agimos sem autocongratulação ou autocensura, sem medo da crítica e sem esperar aplauso.

Pela continuidade da prática, descobrimos como cruzar a fronteira entre o atoleiro e o despertar. Depende de nossa disposição de experimentar diretamente os sentimentos que temos evitado por muitos anos. Essa disposição de permanecermos abertos àquilo que nos assusta enfraquece nossos hábitos de fuga. Essa é a maneira pela qual o apego ao ego se areja e começa a desvanecer.

A tripla pureza é também a essência da meditação *paramita*. Quando sentamos para meditar, deixamos para trás a idéia do meditador perfeito, da meditação ideal e, também, dos resultados preconcebidos. Treinamos em simplesmente estar presentes. Abrimo-nos completamente à dor e ao prazer de nossa vida. Treinamos na precisão, na gentileza e no desapego. Por vermos nossos pensamentos e emoções com compaixão, paramos de lutar contra nós mesmos. Aprendemos a reconhecer quando estamos tensos e a confiar que podemos nos soltar. Dessa forma, os bloqueios criados por nossos hábitos e preconceitos começam a desmoronar. Dessa maneira, a sabedoria que estávamos bloqueando – a sabedoria do *bodhichitta* – fica disponível.

Estas são, portanto, as seis atividades do guerreiro:

- *Generosidade.* Dar como um caminho para aprender a se desapegar.
- *Disciplina.* Treinamento em não causar mal, de maneira ousada e flexível.
- *Paciência.* Treinar para permanecer com a inquietude da nossa energia e para permitir que as coisas evoluam em seu próprio ritmo. Se o despertar demora para sempre, ainda assim, avançamos momento a momento, desistindo de qualquer esperança de recompensa e apreciando o processo.
- *Alegre entusiasmo.* Abandonar nosso perfeccionismo e conectar-nos à qualidade viva de cada momento.
- *Meditação.* Treinar em retornar, para estar exatamente aqui, gentilmente e com precisão.
- *Prajna.* Cultivar uma mente aberta e inquisitiva.

Com essas seis atividades do *bodhisattva,* aprendemos como viajar para a outra margem e fazemos o melhor que podemos para levar conosco todos os que pudermos encontrar.

DEZOITO

A AUSÊNCIA DE CHÃO

A prática diária é simplesmente para desenvolver uma aceitação e uma abertura completas para com todas as situações e emoções, e para com todas as pessoas, experimentando tudo, totalmente, sem reservas ou bloqueios mentais, de modo que nunca nos recolhamos ou nos centralizemos em nós mesmos.

– DILGO KHYENTSE RINPOCHE

Certa vez o Buda reuniu os seus discípulos em um local conhecido como a Montanha do Pico do Abutre. Lá, ele apresentou alguns ensinamentos revolucionários – ensinamentos sobre a dimensão totalmente aberta de nosso ser, sem chão para se firmar – tradicionalmente conhecida por *shunyata*, *bodhichitta* incondicional ou *prajnaparamita*.

O Buda já estivera, por algum tempo, ensinando sobre a ausência de chão. Muitos dos discípulos, lá na Montanha do Pico do Abutre, tinham uma profunda compreensão da impermanência, da ausência de ego e da verdade que nada – inclusive nós mesmos – é sólido ou previsível. Eles compreendiam o sofrimento que resulta da avidez e do apego. Eles aprenderam isso do próprio Buda e experimentaram sua profundidade durante a meditação. Mas o Buda sabia que a nossa tendência de procurar chão firme está profundamente enraizada. O ego pode usar qualquer coisa para manter a ilusão de segurança, inclusive a crença na ausência de substância e na mudança.

Então, o Buda fez algo chocante. Com os ensinamentos do *prajnaparamita*, ele puxou de vez o tapete, levando seus discípulos ainda mais para a ausência de chão. Ele disse à assembléia que eles deveriam abrir mão do que quer que acreditassem e que se apoiar em qualquer descrição da realidade era uma armadilha. Para a assembléia, esta não era uma novidade agradável de se ouvir.

Isso me lembra da história de Krishnamurti, que foi educado pelos teosofistas para ser o avatar. Os anciãos diziam continuamente aos outros discípulos que, quando o avatar se manifestasse completamente, seus ensinamentos seriam eletrizantes e revolucionários, abalando os fundamentos de suas crenças. Isto revelou-se verdadeiro, mas não exatamente da maneira que eles imaginaram. Quando Krishnamurti se tornou o chefe da Ordem da Estrela, ele reuniu toda a sociedade e oficialmente a dissolveu, dizendo que ela era maléfica porque lhes proporcionava segurança em demasia.

Para os discípulos do Buda, a experiência do Pico do Abutre foi algo parecido. Ela varreu todas as concepções prévias que eles tinham sobre a natureza da realidade. A principal mensagem do Buda naquele dia foi que se apegar a *qualquer coisa* bloqueia a sabedoria. Precisamos abrir mão de *quaisquer* conclusões a que possamos chegar. A única maneira de compreender completamente os ensinamentos do *bodhichitta*, a única maneira de praticá-los plenamente é permanecer na abertura incondicional do *prajnaparamita*, eliminando pacientemente todas as nossas tendências de nos apegarmos.

Durante esse ensinamento, conhecido como *O Sutra do Coração*, o Buda, na verdade, não disse uma só palavra. Ele entrou em um estado de meditação profunda e permitiu que o *bodhisattva* da compaixão, Avalokiteshvara, tomasse a palavra. Esse guerreiro corajoso, também conhecido por Kuan-yin, expressou sua experiência do *prajnaparamita*, representando o Buda. Seu *insight* não era baseado no intelecto, mas teve origem na sua prática. Ele via claramente que tudo é vazio. Então, um dos principais discípulos do Buda, um monge chamado Shariputra, começou a questionar Avalokiteshvara. Esse é um ponto importante. Mesmo que um grande *bodhisattva* estivesse ensinando e que o Buda estivesse claramente no comando, o significado profundo somente emergiu por intermédio do questionamento. Nada foi aceito complacentemente ou por fé cega.

Shariputra é um modelo de comportamento para nós, como estudantes. Ele não estava disposto a simplesmente aceitar o que ouvia, ele queria saber por si mesmo o que era verdade. Portanto, ele perguntou a Avalokiteshvara: "Em todas as palavras, ações e pensamentos de minha vida, como eu aplico o *prajnaparamita*? Qual é a chave para o treinamento nesta prática? Que ponto de vista devo adotar?"

Avalokiteshvara respondeu com o mais famoso dos paradoxos do budismo: "A forma é vazio, o vazio é também forma. O vazio é nada mais do que forma, a forma é nada mais do que vazio." Quando eu ouvi isto pela primeira vez, não tinha a menor idéia do que é que ele estava falando. Minha mente ficou completamente em branco. Sua explicação, como o próprio *prajnaparamita*, é inexprimível, indescritível e inconcebível. A forma é aquilo que simplesmente é, antes de projetarmos nossas crenças sobre ela. O *prajnaparamita* representa uma visão completamente nova, uma mente desimpedida na qual qualquer coisa é possível.

O *prajna* é a expressão não filtrada do ouvido aberto, olho aberto, mente aberta, e é encontrado em qualquer ser vivente. Thich Nhat Hanh traduz a palavra como "compreensão". É um processo fluido e não algo definido e concreto, que possa ser contado ou medido.

Este *prajnaparamita*, esse inexprimível, é a nossa experiência humana. Ela não é considerada especialmente como um estado pacífico da mente, ou como um estado perturbado. É um estado de inteligência básica, que é aberta, questionadora e imparcial. Quer ela se apresente sob a forma de curiosidade, confusão, choque ou relaxamento, realmente não vem ao caso. Treinamos quando somos pegos de surpresa e quando nossa vida está solta no ar.

Treinamos, como disse Trungpa Rinpoche, em "não ter medo de ser um tolo". Cultivamos um relacionamento simples e direto com o nosso ser – sem filosofar, sem moralizar e sem julgamentos. Podemos lidar com o que quer que nos venha à mente.

Portanto, quando Avalokiteshvara diz "Forma é vazio", ele está se referindo a esse relacionamento simples e direto com a proximidade da experiência – contato direto com o sangue, suor e flores, com o amor e também com o ódio. Primeiro, varremos nossas concepções prévias e, então, temos até mesmo que abandonar nossa crença de que deveríamos olhar as coisas sem concepções prévias. Continuamos a "puxar nosso próprio tapete". Quando percebemos a forma como vazio, sem quaisquer barreiras ou véus, compreendemos a perfeição das coisas assim como elas são. Poderíamos viciar-nos nessa experiência. Ela poderia nos proporcionar uma sensação de libertação da dubiedade de nossas emoções e a ilusão de que poderíamos pairar acima da bagunça de nossas vidas.

Mas "o vazio também é forma" inverte a situação. O vazio se manifesta continuamente como guerra e paz, como tristeza, nascimento, velhice, doença e saúde, bem como alegria. Somos desafiados a permanecer em contato com a qualidade pulsante de estarmos vivos. Por isso treinamos nas práticas de *bodhichitta* relativo, das quatro qualidades incomensuráveis, e no *tonglen*. Elas nos auxiliam a nos ligarmos totalmente na vívida qualidade da vida com uma mente aberta e desanuviada. As coisas são tão ruins, e tão boas, quanto parecem. Não há necessidade de acrescentar nenhum extra.

Imagine um diálogo com o Buda. Ele pergunta: "Como você percebe a realidade?" E respondemos honestamente, dizendo: " Percebo-a como separada de mim, e sólida." Ele diz: "Não, olhe mais profundamente."

Então, saímos e meditamos e, sinceramente, contemplamos essa questão. Voltamos ao Buda e dizemos: "Agora eu sei a resposta. A resposta é que tudo não é sólido, tudo é vazio." E ele diz: "Não. Olhe mais profundamente." Nós dizemos: "Bem, isso é impossível. É de um jeito ou de outro: vazio ou não vazio, certo?" E ele diz: "Não." Se ele fosse nosso chefe, talvez não ligássemos, mas este é o Buda e, então, pensamos: "Talvez eu tenha que ficar por aqui mais um pouco e continuar com essa irritação que estou sentindo por não estar recebendo qualquer satisfação."

Então, meditamos e contemplamos essa questão. Nós a discutimos com nossos amigos. Da próxima vez que vemos o Buda, dizemos: "Acho que posso responder à sua pergunta. Tudo é simultaneamente vazio e não vazio." E ele diz: "Não." Acredite em mim, estaremos nos sentindo muito sem chão, e isso significa que estamos abalados. É desconfortável não conseguir ter um chão sob nossos pés. Mas, aqui, o processo é de desmascarar: mesmo que estejamos irritados e ansiosos, estamos nos aproximando de ver a verdadeira natureza liberada da mente. Como "não" é tudo que conseguimos receber do Buda, vamos para casa e passamos o próximo ano tentando resolver esse enigma. É como um *koan* zen.

Finalmente, voltamos e dizemos: "Muito bem. Existe somente uma outra resposta possível. A natureza da realidade é que ela nem existe e nem inexiste. Ela não é nem forma e nem vazio." E nos sentimos bem! Essa é uma bela resposta sem chão. Mas o Buda diz: "Não, esse é um entendimento muito limitado." Talvez, nesse ponto, o seu "não" seja um tal choque que experimentemos a mente totalmente aberta do *prajnaparamita*, a mente que se satisfaz quando não há absolutamente nenhum local para ficar.

Depois que Avalokiteshvara contou a Shariputra que "a forma é vazio; o vazio é também forma", ele foi mais além, apontando que não existe nada – nem mesmo os ensinamentos do Buda – a que se agarrar: não existem as três marcas da existência, nem o sofrimento, ou o fim do sofrimento, nem aprisionamento ou liberação. A história conta que muitos dos discípulos ficaram tão abalados por esses ensinamentos que sofreram ataques cardíacos. Um mestre tibetano sugeriu que o mais provável é que eles tenham levantado e abandonado simplesmente a palestra. Como os teosofistas com Krishnamurti, isso era algo que eles não queriam ouvir. Exatamente como nós. Não gostamos de ter nossas premissas básicas desafiadas. É por demais ameaçador.

Se esse ensinamento tivesse vindo somente de Avalokiteshvara, os discípulos poderiam ter sido capazes de racionalizar seus temores. "Ele é somente um guerreiro no caminho, não é tão diferente de nós. Ele é muito sábio e compassivo, é claro, mas sabe-se de ocasiões em que ele errou". Mas o Buda estava ali, sentado em profunda meditação, claramente satisfeito com essa explicação de como permanecer no *prajnaparamita*. Não existia uma saída para esse dilema.

Então, inspirado pelos questionamentos de Shariputra, Avalokiteshvara continuou. Ele ensinou que, quando compreendermos que não há um objetivo final a alcançar, nenhuma resposta definitiva ou ponto final, quando nossa mente estiver livre de emoções conflitantes e da crença na separação, então não mais teremos medo. Quando ouvi isso, muitos anos atrás, antes mesmo de ter qualquer interesse em um caminho espiritual, acendeu-se uma pequena luz: eu, com certeza, queria saber mais a respeito de "não ter medo".

Essa instrução sobre o *prajnaparamita* é um ensinamento sobre a coragem. À medida que deixamos de lutar contra a incerteza e a ambigüidade, nessa mesma medida, dissolvemos nosso medo. O sinônimo de total destemor é completa iluminação – interação sincera e de mente aberta com o nosso mundo. Enquanto isso, treinamos em mover-nos pacientemente nessa direção. Aprendendo a relaxar na ausência de chão, gradualmente nos conectamos com a mente que não conhece o medo.

Então, Avalokiteshvara proclamou o cerne do *prajnaparamita*, a essência da experiência de "puxar o tapete", a essência do estado mental destemido e aberto. E ele o fez na forma de um *mantra*: OM GATE

GATE PARAGATE PARASAMGATE BODHI SVAHA. Da mesma forma que a semente contém a árvore, esse *mantra* contém a totalidade dos ensinamentos sobre permanecer no *prajnaparamita*, de estar no estado de ausência de medo.

A tradução de Trungpa Rinpoche é: "Om, ido, ido, ido para o outro lado, ido completamente para o outro lado, desperto, assim seja." Essa é a descrição de um processo, uma viagem, de avançar sempre, mais e mais. Poderíamos também dizer: "Om, sem chão, sem chão, mais sem chão, mesmo além de sem chão, completamente desperto, assim seja!"

Não importando onde estejamos no caminho do *bodhisattva*, se estamos no início ou se já praticamos por anos, estamos sempre avançando mais e mais no estado sem chão. A iluminação não é o fim de algo. A iluminação, estar completamente desperto, é somente o começo do adentrar-se completamente sabe se lá onde.

Quando o grande *bodhisattva* terminou de ensinar, o Buda saiu de sua meditação e disse: "Bom, bom! Você o expressou com perfeição, Avalokiteshvara." E aqueles, na audiência, que não tinham se retirado e nem morrido de um ataque do coração se regozijaram. Eles se regozijaram ao ouvir esse ensinamento sobre ir além do medo.

DEZENOVE

NEUROSE EXACERBADA

O "segredo" da vida, que todos procuramos, é somente o seguinte: desenvolver, por intermédio da prática da meditação e da prática da vida diária, o poder e a coragem para voltar para aquilo de que passamos toda a vida tentando nos esconder, para permanecer completamente na experiência do momento presente – mesmo que esta seja uma sensação de humilhação, de fracasso, de abandono ou de injustiça.

– CHARLOTTE JOKO BECK

Quando falamos em permanecer no *prajnaparamita*, no *bodhichitta* incondicional, o que estamos pedindo de nós mesmos? Estamos sendo encorajados a permanecer abertos para a incerteza do momento presente, a participar direta e desarmadamente da nossa experiência. Com certeza, não nos está sendo pedido que confiemos em que tudo terminará bem. Mover-se na direção de onde não há pontos de apoio é ousado. Inicialmente, não sentiremos que esta é uma maneira excitante, viva e maravilhosa de ser. Quantos de nós se sentem preparados para interromper nossos padrões habituais, nossas quase instintivas maneiras de obter conforto?

Poderíamos assumir que, ao nos treinarmos no *bodhichitta*, os nossos padrões habituais vão começar a perder a força – dia após dia, mês após mês, nós nos tornaremos mentalmente mais abertos, mais flexíveis, mais guerreiros. Mas, na realidade, o que acontece é que, com a continuidade da prática, os nossos padrões se intensificam. No budismo *vajrayana* isto é chamado de "neurose exacerbada". Não é algo que fazemos de propósito. Simplesmente acontece. Sentimos o cheiro da falta de chão e, apesar dos nossos desejos de permanecermos firmes, abertos e flexíveis, agarramo-nos firmemente às nossas maneiras habituais.

Essa tem sido a experiência de todos que já enveredaram pelo caminho do despertar. Todas aquelas pessoas sorridentes e iluminadas, que você vê nas fotografias ou em pessoa, tiveram que passar pelo processo de se encontrar com suas neuroses, com força total, e com seus métodos de procurar por chão. Quando começamos a deixar de recorrer aos nossos procedimentos habituais, de nos menosprezar ou de nos congratular, estamos fazendo algo extremamente corajoso. Vagarosamente, aproximamo-nos do estado aberto, mas, encaremos o fato, estaremos nos movendo para um local onde não há apoios para as mãos, nem para os pés ou para a mente. Isto pode ser chamado de libertação, mas, por um longo tempo, a sensação é de insegurança.

Deixem-me dar alguns exemplos de neuroses exacerbadas que, na realidade, se desenvolvem *pelo fato* de praticarmos. Uma é desenvolver um novo enredo de autocrítica, baseado em ideais espirituais. Usamos a prática para reforçar a mentalidade da pobreza: o treinamento do guerreiro se torna somente uma maneira a mais para sentirmos que nunca estamos à altura. Se nos treinamos para nos tornarmos “bons” guerreiros ou para nos livrarmos de sermos pessoas “más”, nosso pensamento permanecerá polarizado da mesma forma, tão preso ao certo e errado como estava antes. Usaremos o treinamento contra nós mesmos, tentando pular sobre os assuntos que estamos evitando, de modo que possamos alcançar alguma noção idealizada de perfeição. Não estou querendo dizer que isto é pouco comum. Bem-vindos à raça humana. Por causa de nosso treinamento, no entanto, podemos começar a ver claramente o que fazemos e podemos começar a praticar um exame compassivo do nosso próprio processo. O que está acontecendo conosco, psicologicamente? Nós nos sentimos inadequados? Continuamos a acreditar nos nossos mesmos velhos dramas?

Existe, também, o cenário oposto. Usamos nosso treinamento para nos sentirmos superiores, para aumentar nosso sentimento de sermos especiais. Somos corajosos para fazer esse treinamento. Estamos virando nossas vidas pelo avesso. Estamos orgulhosos de estarmos fazendo algo tão raro neste mundo. Usamos a prática e os ensinamentos para reforçar nossa auto-imagem e para aumentar nossa arrogância e nosso orgulho.

Outra neurose que pode ser exacerbada é a fuga. Desejamos abandonar nossa bagagem inútil, mas, no processo, usamos os próprios ensinamentos para nos distanciarmos da qualidade caótica e instável de nossas vidas. Numa tentativa de evitar o fato de nosso parceiro ser um alcoólatra, ou de sermos viciados em maconha, ou de estarmos envolvidos em mais um relacionamento abusivo, treinamos seriamente em relaxar na condição espaçosa, de abertura e de coração caloroso. Tentamos usar nosso treinamento espiritual para evitar aquela sensação de frio na espinha.

O ponto é que traremos nossas maneiras habituais de colar nossos pedaços diretamente para a prática do *bodhichitta*, direto para dentro do nosso treinamento em descolar. Se quisermos algum *insight* dos nossos padrões habituais, podemos olhar para como estamos nos relacionando com nossa prática, com os ensinamentos e com o mestre. Estamos esperando ter as nossas necessidades satisfeitas, da mesma maneira que fazemos em qualquer relacionamento neurótico? Estamos usando a espiritualidade para desviar daquilo que nos assusta? Não é fácil de perceber que, usando as mesmas velhas maneiras, ainda estamos procurando por chão.

Ao sairmos, tateando, de dentro de nosso casulo, corremos o risco de ficarmos com medo e nos agarrarmos ao que nos é familiar. Sem paciência constante e gentileza para com esse processo inevitável, nós nunca viremos a confiar que é sábio e compassivo relaxar no estado de ausência de ego. Gradualmente, devemos desenvolver a confiança de que é libertador "soltar". Treinamos continuamente em *maitri*. Leva tempo desenvolver entusiasmo pela sensação de permanecer aberto.

Um primeiro passo é compreender que uma sensação de medo ou de desconforto emocional poderia ser simplesmente um sinal de que velhos hábitos estão sendo liberados, de que estamos nos aproximando do estado aberto natural. Trungpa Rinpoche disse que, durante o despertar, os guerreiros se encontrariam em um estado de constante ansiedade. Eu descobri, pessoalmente, que isto é verdade. Depois de algum tempo, cheguei a conclusão que, como a tremedeira não ia embora, era melhor eu passar a conhecê-la. Quando a nossa atitude em relação ao medo se torna mais acolhedora e inquisitiva, uma mudança fundamental acontece. Em vez de passarmos a vida ficando tensos, como se estivéssemos na cadeira do dentista, aprendemos que podemos nos conectar ao frescor do momento e relaxar.

A prática é a investigação compassiva dos nossos humores, das nossas emoções, dos nossos pensamentos. Praticar a investigação compassiva das nossas reações e estratégias é fundamental ao processo de despertar. Somos aconselhados a ser curiosos sobre a neurose que pode se manifestar quando nossos mecanismos de luta começam a desmoronar. É assim que chegamos ao lugar onde deixamos de acreditar em nossos mitos pessoais, o lugar onde não estamos sempre divididos contra nós mesmos, sempre resistindo à nossa própria energia. É assim que aprendemos a permanecer no *prajnaparamita*.

Essa é uma prática contínua. A partir do momento em que começamos esse treinamento do *bodhisattva* e até confiarmos totalmente na liberdade de uma mente não condicionada e imparcial, estaremos nos rendendo, momento a momento, ao que quer que esteja acontecendo exatamente neste instante do tempo. Com precisão e gentileza, abandonamos nossas queridas maneiras de ver a nós mesmos e aos outros, nossas queridas maneiras de manter tudo inteiro, nossas queridas maneiras de bloquear o *bodhichitta*. Fazemos isso repetidas vezes, durante muitos anos desafiadores e inspiradores e, nesse processo, desenvolvemos um gosto pela ausência de chão.

VINTE

QUANDO A COISA ESQUENTA

Não dependa das circunstâncias externas.

– MÁXIMA DE ATISHA PARA O TREINAMENTO DA MENTE

O conselho mais direto sobre despertar o *bodhichitta* é o seguinte: pratique o não causar mal a ninguém – a você mesmo ou aos outros – e, todos os dias, faça o que puder para ser útil. Se estivermos convictos dessa instrução e começarmos a usá-la, provavelmente verificaremos que não é tão fácil. Antes de percebermos, alguém nos terá provocado e, direta ou indiretamente, teremos causado mal.

Portanto, quando nossa intenção é sincera, mas as coisas esquentam, a maioria de nós irá precisar de alguma ajuda. Seria bom se tivéssemos alguma instrução fundamental sobre como facilitar as coisas e inverter nossos bem estabelecidos hábitos de agredir e culpar.

Os quatro métodos usados para ficarmos firmes nos fornecem exatamente esse apoio no desenvolvimento da paciência para permanecermos abertos ao que está acontecendo, em vez de agirmos no piloto automático. Esses quatro métodos são:

1. não montar o alvo para a flecha,
2. conectar-se com o coração,
3. ver os obstáculos como mestres,
4. ver tudo que ocorre como um sonho.

Primeiro, se não montarmos um alvo, ele não poderá ser atingido por uma flecha. Isto quer dizer que, a cada vez que retaliarmos, com palavras e ações agressivas, estaremos reforçando o hábito da ira. Enquanto fizermos isso, muitas flechas, sem dúvida, virão contra nós. Ficaremos cada vez mais irritados com as reações dos outros. No entanto, a cada vez que somos provocados nos é dada a oportunidade de fazer algo diferente. Podemos reforçar nossos hábitos, montando um alvo, ou podemos enfraquecê-los, ficando firmes.

A cada vez que nos sentamos, imóveis, com a inquietude e com o calor da ira, somos domesticados e fortalecidos. Essa instrução é para o cultivo da raiz da felicidade. A cada vez que agimos sob raiva, ou a sufocamos, aumentamos a nossa agressão; nós nos tornamos cada vez mais como um alvo móvel. Então, com o passar dos anos, quase tudo nos enraivece. Essa é a chave para compreender, em um nível completamente real e pessoal, como semeamos o sofrimento.

Portanto, esse é o primeiro método: lembre-se de que montamos o alvo e que somente nós poderemos desmontá-lo. Compreenda que se nos mantivermos firmes – mesmo que brevemente – quando quisermos retaliar, estaremos começando a dissolver um padrão de agressão que continuará a ferir para sempre, a nós e aos outros, se o permitirmos.

A segunda é a instrução para se conectar ao coração. Em momentos de ira, podemos entrar em contato com a ternura e a compaixão que já possuímos.

Quando alguém que está insano começa a nos ferir, podemos facilmente compreender que essa pessoa não sabe o que está fazendo. Existe a possibilidade de entrarmos em contato com nosso coração e sentirmos tristeza por ela estar fora de controle e, ao ferir os outros, estar causando mal a si mesma. Existe a possibilidade de, apesar de sentirmos medo, não estarmos sentindo ódio ou raiva. Em vez disso, poderíamos nos sentir inspirados a ajudar essa pessoa, se pudermos.

Na realidade, um lunático é bem menos louco do que uma pessoa sã que nos faça mal, pois a assim chamada pessoa sã possui o potencial para compreender que, ao agir agressivamente, estará semeando a sua própria confusão e insatisfação. Sua agressão atual está reforçando hábitos futuros, mais intensos, de agressão. Ela está criando sua própria novela. Esse tipo de vida é doloroso e solitário. Aquela pessoa que nos causa mal está sob a influência de padrões que poderiam continuar, para sempre, a produzir sofrimento.

Portanto, este é o segundo método: conecte-se ao coração. Lembre-se que aquele que nos faz mal não precisa de mais provocações, assim como nós também não precisamos. Reconheça que, exatamente como nós, milhões estão queimando com as chamas da agressão. Podemos nos sentar com a intensidade da ira e deixar que sua energia nos torne humildes e mais compassivos.

A terceira é a instrução para ver as dificuldades como mestres. Se não houver um mestre por perto, para nos proporcionar orientação sobre como parar de causar mal, não se preocupe! A própria vida irá proporcionar as oportunidades para o aprendizado de como ficarmos firmes. Se não houver um vizinho sem consideração, como encontraríamos a oportunidade de praticar a paciência? Sem o tirano do escritório, como poderíamos vir a conhecer tão intimamente a energia da raiva, a ponto de ela perder seu poder de destruição?

O mestre está sempre conosco. O mestre está sempre nos mostrando precisamente onde estamos – nos encorajando a não falar e agir do mesmo velho modo neurótico, nos encorajando, também, a não reprimir ou dissociar, nos encorajando a não plantar as sementes do sofrimento. Portanto, nós revidamos a essa pessoa que nos está amedrontando ou insultando, como já fizemos milhares de vezes antes, ou começamos a ficar espertos e, finalmente, nos mantemos firmes?

Exatamente no ponto em que estamos prontos para explodir, ou para nos retirarmos no esquecimento, podemos nos lembrar disto: somos guerreiros em treinamento, sendo ensinados a como sentar com o nervosismo e com o desconforto. Estamos sendo desafiados a permanecer e a relaxar onde estamos.

O problema ao seguir essas ou quaisquer outras instruções é que temos uma tendência de sermos demasiadamente sérios e rígidos. Ficamos tensos e nervosos ao tentarmos relaxar e ser pacientes.

É aqui que entra a quarta instrução: ajuda se pensarmos sobre a pessoa que está com raiva, sobre a raiva propriamente dita e sobre o objeto desta raiva como um sonho. Podemos ver a nossa vida como um filme, no qual ocupamos, temporariamente, a posição do ator principal. Em vez de lhe dar tanta importância, podemos refletir na falta de essência da nossa situação atual. Podemos reduzir a velocidade e nos perguntar: "Quem é esse *eu* monolítico, que ficou tão ofendido? E quem é essa outra pessoa que consegue me provocar dessa maneira? O que são esse elogio e essa censura que me fisgam como a um peixe, que me pegam como a um camundongo em uma ratoeira? Como é que essas circunstâncias têm o poder de me impelir, como uma bola de pingue-pongue, da esperança ao medo, da felicidade ao sofrimento?" Essa grande luta, esse grande *eu* e esse grande outro poderiam, todos, perder consideravelmente sua importância.

Contemple essas circunstâncias externas, essas emoções e esse enorme senso do *eu* como passageiras e desprovidas de essência, como uma lembrança, como um filme, como um sonho. Quando despertamos, sabemos que os inimigos, em nossos sonhos, são uma ilusão. Esta compreensão corta o pânico e o medo.

Quando nos encontramos presa da agressão, podemos nos lembrar disto: não existe base para explodir ou para reprimir. Não existe base para o ódio ou para a vergonha. Podemos, pelo menos, começar a questionar nossas pressuposições. Será possível que – acordados ou dormindo – estejamos simplesmente passando de um estado de sonho para outro?

Esses quatro métodos de transformar a raiva e de aprender um pouco de paciência chegaram a nós vindos dos mestres Kadampa, do Tibete, do século onze. Essas instruções forneceram encorajamento a *bodhisattvas* iniciantes no passado, e são úteis do mesmo modo no presente. Os mesmos mestres Kadampa nos aconselharam a não procrastinar. Eles nos apressam para usarmos essas instruções imediatamente – neste mesmo dia e nesta mesma situação – e para não nos dizermos: "Vou tentar isso no futuro, quando tiver um pouco mais de tempo."

VINTE E UM

O AMIGO ESPIRITUAL

A verdadeira função do amigo espiritual é insultar você.

– CHÖGYAM TRUNGPA RINPOCHE

Guerreiros em treinamento precisam de alguém que os guie – um mestre guerreiro, um professor, um amigo espiritual, alguém que conheça bem o território e que possa ajudá-los a encontrar o caminho. Existem diferentes níveis no relacionamento entre mestre e discípulo. Para algumas pessoas, ler um livro ou ouvir os ensinamentos de um professor específico já é suficiente. Outras podem querer se tornar um discípulo daquele professor – pedindo orientação de quando em vez. Esse tipo de relacionamento é valioso para muitos. É raro que os discípulos se sintam, inicialmente, prontos para um compromisso mais incondicional com um professor, trabalhando muito intimamente com as áreas que procuram evitar. Não são muitos aqueles entre nós que têm tanta confiança em outra pessoa, tanta disposição para serem vistos sem suas máscaras. É sábio, na verdade, não nos apressarmos a assumir esse tipo de relacionamento sem, antes, desenvolvermos a *maitri* para conosco e a confiança de que esse mestre em particular seja confiável. Esses são os pré-requisitos para se assumir um compromisso mais profundo com um amigo espiritual.

Em 1974, quando perguntei a Trungpa Rinpoche se eu poderia ser seu discípulo, eu não estava preparada para assumir um relacionamento incondicional. No entanto, pela primeira vez em minha vida, eu havia encontrado uma pessoa que não estava presa, uma pessoa cuja mente nunca era desviada. Eu compreendi que, guiada por ele, isso também seria possível para mim. Fui atraída para ele porque não conseguia manipulá-lo; ele sabia como ver através das fantasias dos outros. Eu senti esse "ver através" como ameaçador, mas de um modo muito revigorante. Ainda assim, levei anos para desenvolver confiança e *maitri* pessoal suficientes para me entregar completamente ao relacionamento. Aproximar-se de alguém tão perigoso para o ego leva tempo.

Ou o relacionamento com um mestre evolui a um ponto de confiança e amor incondicionais ou não. Precisamos confiar no processo. Em qualquer dos casos, o relacionamento com um mestre nos encoraja a confiar em nossa sabedoria fundamental. Ele nos ensina a sermos firmes com nós mesmos. Na tradição do guerreiro diz-se que tanto o mestre quanto o discípulo estão totalmente despertos, que entre o mestre e o discípulo pode existir um encontro de mente. O papel do mestre é ajudar o discípulo a compreender que sua mente desperta e a mente do mestre são a mesma. Em algum ponto ocorre uma importante mudança de lealdade. Em vez de sempre nos identificarmos com nossas neuroses, começamos a ter confiança em nossas inteligência e bondade fundamentais. Essa é uma mudança significativa. Sem desenvolver essa confiança básica em nós mesmos, é impossível prosseguirmos com um mestre.

No entanto, uma vez preparados para entrar em um relacionamento incondicional, este nos ensinará como ficarmos firmes em qualquer situação. Entrar nesse nível de comprometimento com uma pessoa nos prepara para ficarmos abertos, não somente para o mestre, mas também para a totalidade da nossa experiência. O mestre é um ser humano completamente desenvolvido, não um ideal espiritual. Nesse relacionamento, como em qualquer outro, iremos experimentar gostos e desgostos. Poderemos nos encontrar bem no meio do caos e da insegurança. Esse relacionamento nos mostrará se nosso coração é grande o suficiente para acolher toda a variedade da vida – não somente a parte que aprovamos. Até o ponto que somos capazes de permanecer firmes com nosso amigo espiritual, até esse ponto podemos permanecer firmes com o mundo como ele é, com toda sua violência e ternura, com sua maldade e seus momentos de coragem. Verificamos que estamos nos abrindo de uma maneira que nunca pensamos ser possível.

O treinamento *bodhisattva* nos encoraja a ter um envolvimento apaixonado com a vida, não considerando nenhuma emoção ou ação como indigna de nosso amor e de nossa compaixão, não considerando nenhuma pessoa ou situação como inaceitável. Portanto, esse caminho exige disciplina e precisa, também, de orientação. Quanto de orientação estamos preparados para aceitar é a questão. Na ausência de um conjunto estreito e restritivo de regras, precisamos de alguém que nos mostre quando estivermos fora dos trilhos, alguém a quem ouviríamos.

O que quer que façamos, o mestre é extraordinariamente adaptável e leal ao processo do nosso despertar. Esse mestre guerreiro serve como um espelho, que nos mostra nossa mente com uma precisão constrangedora. Quanto mais confiarmos em nós mesmos e no mestre, mais permitiremos que ocorra esse reflexo de espelho. Nós nos dirigimos, devagar, na direção de permitir que qualquer pessoa que encontremos seja nosso mestre. Nós nos encontramos mais capazes de compreender a máxima de treinamento da mente: "Seja grato a todos."

No entanto, não pensamos no mestre como detentor de toda a sabedoria, enquanto não temos nenhuma. Existe esperança e medo em demasia nesse tipo de arranjo. Se me tivessem aconselhado a nunca questionar meus mestres, eu não teria durado muito como um discípulo. Fui sempre encorajada a usar minha inteligência crítica e a expressar minhas preocupações, sem medo. Na realidade, fui aconselhada a questionar a autoridade e as regras.

É importante compreender que a mente do mestre e a do discípulo se encontram, não por estar o mestre totalmente certo ou totalmente errado, mas na ambigüidade entre essas duas visões, na capacidade dessas mentes para conterem a incerteza e o paradoxo. Do contrário, nossa adulação inevitavelmente se transformaria em desilusão. Fugimos quando o mestre não se encaixa em nossas concepções prévias. Não gostamos de suas opiniões políticas, ou do fato que ele come carne, bebe álcool ou fuma cigarros. Saímos de lá porque não gostamos da mudança na política organizacional ou porque nos sentimos desconsiderados ou negligenciados. Ficaremos, por um período de lua-de-mel, dotando o relacionamento com todos os nossos desejos de sermos amados de uma maneira ideal, descomplicada. Então, inevitavelmente, nossas expectativas são frustradas e emergem os assuntos emocionais não resolvidos. Sentimo-nos usados, traídos e desiludidos. Não queremos sentir esses sentimentos dolorosos e saímos.

O ponto principal é, sempre, como trabalhamos com nossa mente. Uma vez encaixados em sólidos pontos de vista, de justificações ou de recriminações, nossa mente se torna muito pequena. Fechar-se sob qualquer forma causa a escalada do sofrimento. Nossos sólidos pontos de vista poderiam assumir a forma de "o mestre é perfeito e nunca erra" ou "o mestre é um charlatão e nunca posso confiar nele". Ambas são expressões de congelamento da mente. Gostamos de falar sobre a mente vasta, aberta, completamente clara e espaçosa. Mas podemos ficar na abertura que se apresenta quando o chão desaba sob nosso sonho?

Mesmo que realmente deixemos o mestre, se pudermos permanecer com a dor e o desapontamento, sem justificativas ou condenações, esse mestre nos terá ensinado bem. Praticar nessas condições pode ser o exemplo definitivo da máxima: "Se puder praticar, mesmo quando distraído, você estará bem treinado."

Ao trabalhar com um amigo espiritual, aprendemos a amar de uma maneira aberta – a amar e a sermos amados incondicionalmente. Não estamos acostumados a esse tipo de amor. É o que todos nós queremos, mas é o que todos nós temos dificuldade para dar. No meu caso, eu aprendi como amar e ser amada observando o meu mestre. Quando vi o quão incondicionalmente ele amava as outras pessoas, eu comecei a confiar que ele podia amar também a mim. Eu vi, por mim mesma, o que significa nunca desistir de ninguém.

Uma vez, aconteceu algo nesse sentido que me afetou profundamente. Um dos discípulos mais antigos do Trungpa Rinpoche, Joe, estava passando por dificuldades emocionais, causando problemas a todo mundo. O Rinpoche parecia ignorar as reclamações dos outros discípulos sobre o comportamento agressivo de Joe. No entanto, quando Joe agrediu ferozmente uma mulher e a estapeou, o Rinpoche gritou: "Fora! Eu quero você fora daqui, agora! Eu não quero mais ver a sua cara!" Joe saiu, em estado de choque. Os outros discípulos se reuniram em volta do Rinpoche, dizendo: "Estamos tão contentes que tenha se livrado do Joe. Ele fez esta coisa horrível ontem, e esta coisa horrorosa esta manhã... Obrigado, por tê-lo mandado embora." O Rinpoche se empertigou, firmemente, e disse: "Acho que vocês não entenderam – Joe e eu somos grandes amigos." Eu acho que Trungpa Rinpoche se colocaria na frente de um trem em alta velocidade, se achasse que isto nos ajudaria a despertar.

Esse compromisso incondicional, conosco e com os outros, é o que significa amor sem limites. O amor do mestre pelo discípulo se manifesta como compaixão. O amor do discípulo pelo mestre é devoção. Esse calor mútuo, essa ligação de corações permite que haja um encontro de mentes. É esta espécie de amor que doma os seres indomáveis e ajuda os *bodhisattvas* em treinamento a irem além dos locais que já conhecem. O relacionamento com nosso amigo espiritual nos inspira a avançar sem medo e a começar a exploração do mundo fenomenal.

VINTE E DOIS

O ESTADO INTERMEDIÁRIO

O segredo do zen são somente estas palavras: nem sempre assim.

– SHUNRYU SUZUKI ROSHI

É preciso algum treinamento para considerar o completo desapego como igual a conforto. Mas, na realidade, "nada a que se agarrar" é a raiz da felicidade. Há uma sensação de liberdade quando aceitamos que não temos o controle. Dirigirmo-nos na direção daquilo que mais gostaríamos de evitar torna vulneráveis nossas barreiras e escudos.

Isso pode levar a um sentimento do tipo não-sei-o-que-fazer, uma sensação de ter sido surpreendido em uma posição intermediária. Por um lado, estamos completamente fartos de procurar conforto naquilo que podemos comer, beber, fumar ou transar. Também estamos fartos de crenças, idéias e "ismos" de toda espécie. Mas, por outro lado, gostaríamos que fosse verdade que o conforto vindo do exterior pudesse trazer felicidade duradoura.

Esse estado intermediário é onde o guerreiro passa grande parte do seu tempo em crescimento. Nós daríamos qualquer coisa para sentirmos o conforto que costumávamos ter ao comer uma pizza ou assistir a um vídeo. No entanto, apesar dessas coisas serem prazerosas, já sabemos que comer uma pizza ou assistir a um vídeo é uma débil compensação pelo nosso sofrimento. Percebemos isso, principalmente, quando as coisas estão se desfazendo. Se tivermos acabado de saber que temos câncer, comer uma pizza não pode fazer muito para nos alegrar. Se alguém que amamos acaba de morrer, ou de nos deixar, os lugares a que vamos à procura de conforto nos parecem insubstanciais e efêmeros.

Falam-nos da dor da procura pelo prazer e da futilidade de fugir da dor. Ouvimos falar, também, sobre a alegria de despertar, de alcançar nossa interconexão, de confiar na abertura de nosso coração e mente. Mas não nos contam muito sobre estar nesse estado intermediário, não mais capazes de conseguir do exterior aquele antigo conforto e ainda não desfrutando a sensação continuada de equanimidade e calor.

Ansiedade, desgosto e ternura marcam o estado intermediário. É o tipo de lugar que, normalmente, queremos evitar. O desafio é permanecer no meio, em vez de apelar para a luta e para a lamentação. O desafio é permitir que nos suavizemos, em vez de nos tornarmos mais rígidos e amedrontados. Ficar íntimos daquela sensação enjoada de estar no meio do nada somente torna o coração mais sensível. Quando somos corajosos o suficiente para permanecermos no meio, a compaixão emerge espontaneamente. Por não saber, não esperar saber e por não agir como se soubéssemos o que está ocorrendo, começamos a ter acesso à nossa força interior.

No entanto, parece razoável querer algum tipo de alívio. Se pudermos fazer dessa situação certo ou errado, se a pudermos fixar de alguma forma, então estaremos em terreno conhecido. Mas algo abalou nossos padrões habituais e, freqüentemente, eles não mais funcionam. Gradualmente, permanecer com a energia volátil se torna mais confortável do que reagir com ela ou reprimi-la. Esse espaço aberto e sensível é chamado de *bodhichitta*. Ficar com ele é o que cura. Ele nos permite abandonar nossa auto-importância. É assim que o guerreiro aprende a amar.

É exatamente assim que estamos treinando, todas as vezes que nos sentamos em meditação. Vemos o que emerge, o reconhecemos com ternura e deixamos que se vá. Pensamentos e emoções surgem e desaparecem. Alguns são mais convincentes que os outros. Normalmente, estamos tão desconfortáveis com aquele sentimento de agitação que faríamos qualquer coisa para fazê-lo desaparecer. No entanto, retornando à respiração, nós afetuosamente nos encorajamos a permanecer com nossa energia agitada. Esse é o treinamento básico de *maitri* que necessitamos para, simplesmente, continuar avançando, para continuar abrindo nosso coração.

Para habitar o estado intermediário é necessário aprender a aceitar o paradoxo de que algo possa ser, ao mesmo tempo, certo e errado, de que alguém possa ser forte e amoroso e, também, irado, tenso e mesquinho. Naquele momento doloroso, em que não estamos à altura de nossos próprios padrões, nós nos condenamos ou compreendemos, verdadeiramente, o paradoxo de sermos humanos? Podemos nos perdoar e permanecer em contato com nosso coração bom e sensível? Quando alguém nos toca em um ponto sensível, partimos para contestar esta pessoa? Ou reprimimos nossa reação, dizendo: “Eu devo ser amoroso. Como pude ter este pensamento negativo?” Nossa prática é para ficar com a inquietação e não para nos fixar em um ponto de vista. Podemos meditar, fazer *tonglen* ou, simplesmente, olhar para o céu aberto – qualquer coisa que nos encoraje a permanecer no limiar e a não consolidar um ponto de vista.

Quando nos encontramos em um lugar de desconforto e medo, quando estamos em uma disputa, quando o médico nos diz que precisamos de mais exames para saber o que há de errado, vamos descobrir que queremos culpar algo ou alguém, tomar partido, manter a nossa posição. Sentimos que precisamos tomar alguma decisão. Queremos manter nosso ponto de vista habitual. Para um guerreiro, “certo” é uma visão tão extremada quanto “errado”. Ambas bloqueiam nossa sabedoria inata. Quando estamos em uma encruzilhada, sem saber para que lado ir, estamos no *prajnaparamita*. A encruzilhada é um lugar importante no treinamento de um guerreiro. É onde nossos sólidos pontos de vista começam a se dissolver.

Aceitar o paradoxo não é algo que qualquer um de nós poderá, de imediato, ser capaz de fazer. Por isso é que somos encorajados a passar toda nossa vida treinando com a incerteza, a ambigüidade e a insegurança. Permanecer no meio nos prepara para encontrar o desconhecido sem temor, prepara-nos para encarar tanto nossa vida quanto a nossa morte. O estado intermediário – onde a cada momento o guerreiro está aprendendo a deixar ir – é o campo de treinamento perfeito. Na realidade, não importa se nos sentimos deprimidos ou inspirados a esse respeito. Não há absolutamente nenhuma maneira de se fazer isso direito. É por isso que a compaixão e a *maitri*, juntamente com a coragem, são vitais. Elas nos conferem os recursos para sermos autênticos sobre onde estamos, mas, ao mesmo tempo, para sabermos que estamos sempre em transição, que o único momento é o agora e que o futuro é completamente imprevisível e aberto.

Enquanto continuamos a treinar, evoluímos para além do pequeno *eu* que continuamente procura por zonas de conforto. Gradualmente, descobrimos que somos grandes o suficiente para aceitar algo que não é nem mentira nem verdade, nem puro nem impuro, nem bom nem mau. Mas, antes, temos que reconhecer a riqueza do estado de ausência de chão e temos de permanecer lá.

É importante ouvir sobre esse estado intermediário. Do contrário, pensaríamos que a viagem do guerreiro é de um jeito ou de outro – ou estamos completamente tolhidos ou estamos livres. O fato é que passamos muito tempo no meio. Esse local suculento é um lugar produtivo para se estar. Ficar aqui, completamente – experimentando firmemente a clareza do momento presente –, é chamado de iluminação.

ASPIRAÇÃO DE ENCERRAMENTO

Ao longo de minha vida, até este preciso momento, quaisquer atos virtuosos que eu tenha praticado, incluindo qualquer benefício que possa advir deste livro, eu dedico ao bem-estar de todos os seres.

- Que diminuam as raízes do sofrimento. Que diminuam também a guerra, a violência, a negligência, a indiferença e os vícios.
- Que aumentem a sabedoria e a compaixão de todos os seres, agora e no futuro.
- Que vejamos claramente serem insubstanciais, como nossos sonhos, todas as barreiras que erigimos entre nós e os outros.
- Que apreciemos a grande perfeição de todos os fenômenos.
- Que continuemos a abrir nosso coração e mente, a fim de trabalharmos incessantemente para o benefício de todos os seres.
- Que possamos ir aos lugares que nos assustam.
- Que levemos a vida de um guerreiro.

APÊNDICE: PRÁTICAS

As Máximas de Atisha para o Treinamento da Mente

PRIMEIRO PONTO

As preliminares: base da prática do dharma

1 • Primeiro, pratique as preliminares.

SEGUNDO PONTO

Prática principal: treinamento do bodhichitta

MÁXIMAS DO *BODHICHITTA* ABSOLUTO

2 • Considere todos os *dharmas* como sonhos.

3 • Examine a natureza da consciência inata.

4 • Permita que mesmo o antídoto se libere.

5 • Repouse na natureza do *alaya*, a essência.

6 • No pós-meditação, seja filho da ilusão.

MÁXIMAS DO *BODHICHITTA* RELATIVO

7 • Dar e tomar devem ser praticados alternadamente. Conduza-os através da respiração.

8 • Três objetos, três venenos e três sementes de virtude.

9 • Em todas as atividades, pratique com as máximas.

10 • Inicie a seqüência de dar e tomar com você mesmo.

TERCEIRO PONTO

Transformação das circunstâncias adversas no caminho da iluminação

11 • Quando o mundo está cheio de maldade, transforme todas as adversidades no caminho de *bodhi*.

12 • Atribua todas as culpas a um só.

13 • Seja grato a todos.

14 • Ver a confusão como os quatro *kayas* é a proteção da *shunyata*.

15 • As quatro práticas são o melhor dos métodos.

16 • Incorpore à meditação tudo o que você encontrar inesperadamente.

QUARTO PONTO

Utilização da prática em todos os aspectos da vida

17 • Pratique as cinco forças, as instruções essenciais para o coração.

18 • A instrução *mahayana* para ejetar a consciência na hora da morte é utilizar as cinco forças: como você se conduz é importante.

QUINTO PONTO

Avaliação do treinamento da mente

19 • Todo o *dharma* converge para um único ponto.

20 • Dentre as duas testemunhas, fique com a principal.

21 • Mantenha sempre uma mente alegre.

22 • Se puder praticar, mesmo distraído, você estará bem treinado.

SEXTO PONTO

Disciplinas para o treinamento da mente

23 • Atenha-se sempre aos três princípios básicos.

24 • Mude sua atitude, mas permaneça natural.

25 • Não fale sobre membros defeituosos.

26 • Não pense nas falhas dos outros.

27 • Trabalhe primeiro com as maiores imperfeições.

28 • Abandone qualquer expectativa de resultado.

29 • Renuncie aos alimentos venenosos.

30 • Não seja tão previsível.

31 • Não fale mal dos outros.

32 • Não se ponha de emboscada.

33 • Não leve as coisas a um ponto doloroso.

34 • Não transfira a carga do boi para a vaca.

35 • Não tente ser o mais rápido.

36 • Não aja ardilosamente

37 • Não transforme deuses em demônios.

38 • Não procure fazer da dor alheia as pernas de sua própria felicidade.

SÉTIMO PONTO

Diretrizes para o Treinamento da Mente

39 • Todas as atividades devem ser realizadas com uma intenção.

40 • Corrija todos os erros com uma intenção.

41 • Duas atividades, uma no início, outra no fim.

42 • Qualquer das duas que ocorra, seja paciente.

43 • Observe essas duas, mesmo com risco de sua vida.

44 • Treine-se nas três dificuldades.

45 • Assuma as três causas principais.

46 • Cuide para que as três nunca desvaneçam.

47 • Mantenha as três inseparáveis.

48 • Treine-se imparcialmente em todas as áreas. É crucial fazer isso sempre, de modo abrangente e sem reservas.

49 • Sempre medite sobre tudo que provoca ressentimento.

50 • Não dependa das circunstâncias externas.

51 • Desta vez, pratique os pontos principais.

52 • Não interprete incorretamente.

53 • Não vacile.

54 • Pratique com determinação.

55 • Libere-se por meio do exame e da análise.

56 • Não chafurde na autocomiseração.

57 • Não seja invejoso.

58 • Não seja frívolo.

59 • Não espere aplauso.

CANTO DAS QUATRO INCOMENSURÁVEIS

Que todos os seres sensíveis gozem da felicidade e da raiz da felicidade.
Que eles estejam livres do sofrimento e da raiz do sofrimento.
Que eles não sejam apartados da grande felicidade e estejam isentos de sofrimento.
Que eles vivam na grande equanimidade, livres da paixão, da agressão e do preconceito.

Cada verso deste canto refere-se a uma das quatro qualidades incomensuráveis: a primeira, bondade amorosa; a segunda, compaixão; a terceira, júbilo e a quarta, equanimidade. Às vezes eu prefiro trocar a palavra eles por nós. Esta troca salienta que nós mesmos aspiramos experimentar o benefício destas quatro qualidades, junto com os outros seres.

PRÁTICA DA BONDADE AMOROSA

A prática da bondade amorosa usa, tradicionalmente, o primeiro verso das quatro incomensuráveis: "Que todos os seres sensívei gozem da felicidade e da raiz da felicidade."

1 • Desperte bondade amorosa por você mesmo. "Que eu goze da felicidade e da raiz da felicidade", ou expresse essa aspiração em suas próprias palavras.

2 • Desperte bondade amorosa por alguém por quem você já sente uma sincera boa vontade e ternura. "Que (nome) goze da felicidade e da raiz da felicidade", ou diga-o com suas próprias palavras.

3 • Desperte bondade amorosa por uma pessoa amiga, dizendo novamente o nome desta pessoa e expressando a aspiração por sua felicidade, mediante o uso das mesmas palavras.

4 • Desperte bondade amorosa por alguém a respeito de quem você se sinta neutro ou indiferente. (Use as mesmas palavras.)

5 • Desperte bondade amorosa por alguém que você julgue difícil ou ofensivo. (Use as mesmas palavras.)

6 • Nos cinco estágios acima, deixe que a bondade amorosa cresça tanto que inclua todos os seres sensíveis. (Este estágio é chamado "a dissolução das barreiras.") Diga: "Que eu, juntamente com a pessoa a quem quero bem, meu amigo, a pessoa neutra, a pessoa difícil, todos gozemos da felicidade e da raiz da felicidade."

7 • Estenda a bondade amorosa a todos os seres, em todo o universo. Você pode começar próximo à sua casa e ampliar o círculo cada vez mais. "Que todos os seres gozem da felicidade e da raiz da felicidade."

PRÁTICA DA COMPAIXÃO

A prática da compaixão começa com o segundo verso do canto, "Que estejamos livres do sofrimento e da raiz do sofrimento", e, então, continua em um processo de cinco estágios, semelhante ao da prática da bondade amorosa.

1 • Desperte a compaixão por si mesmo: "Que eu esteja livre do sofrimento e da raiz do sofrimento", ou use suas próprias palavras.
2 • Desperte a compaixão por uma pessoa (ou animal) por quem você já sente compaixão: "Que (nome) esteja livre do sofrimento e da raiz do sofrimento", ou diga-o com suas próprias palavras.
3 • Desperte a compaixão por um amigo (use as mesmas palavras).
4 • Desperte a compaixão por alguém a cujo respeito você se sinta neutro (use as mesmas palavras).
5 • Desperte a compaixão por alguém que você julgue difícil (use as mesmas palavras).
6 • Desperte a compaixão por todas as cinco categorias de seres acima (use as mesmas palavras).
7 • Desperte a compaixão por todos os seres do universo: "Que todos os seres estejam livres do sofrimento e da raiz do sofrimento."

Você pode, também, despertar a sua habilidade para regozijar-se e a sua capacidade para a equanimidade passando através dos sete estágios, como anteriormente. Você pode empregar suas próprias palavras ou pode usar o terceiro verso do canto das quatro incomensuráveis para regozijar-se ("Que eu e todos os outros nunca sejamos apartados da grande felicidade e estejamos livres de sofrimento"). Você pode usar o quarto verso do cântico para a equanimidade ("Que eu e os outros vivamos em grande equanimidade, livres de paixão, agressão e preconceito").

A ASPIRAÇÃO EM TRÊS·ESTÁGIOS

Que eu goze da felicidade e da raiz da felicidade.
Que você goze da felicidade e da raiz da felicidade.
Que todos os seres gozem da felicidade e da raiz da felicidade.

Você pode empregar este processo em três estágios para despertar a compaixão, a habilidade de regozijar-se e a equanimidade. Como sempre, está bem se você usar suas próprias palavras.

INFORMAÇÕES SOBRE CENTROS DE MEDITAÇÃO

Shambhala Publications e Editora Sextante confiaram a responsabilidade pela revisão deste livro à:

Shambhala Brasil – Comissão Nalanda de Tradução.
e mail: info@shambhala-brasil.org
website: www.shambhala-brasil.org

Os cartões de máximas em português podem ser obtidos no endereço eletrônico acima.

Shambhala International
1084 Tower Road
Halifax, NS
Canadá B3H 2Y5
tel.: (902) 425-4275 – ramal 26
fax: (902) 423-2750
website: www.shambhala.org – Esse website contém informações sobre mais de 160 centros e grupos filiados à Shambhala International.

Cursos universitários de graduação e pós-graduação em psicologia, ciências sociais, estudos religiosos e artes, inspirados na visão budista, são oferecidos na:

Naropa University
2130 Arapahoe Ave.
Boulder, CO 80302, EUA
tel.: (303) 444-0201
fax: (303) 444-0410
e-mail: info@naropa.edu
website: www.naropa.edu

BIBLIOGRAFIA

ENSINAMENTOS GERAIS SOBRE O *BODHICHITTA*

PATRUL RINPOCHE. *The Words of My Perfect Teacher*. Traduzido pelo Padmakara Translation Group. Boston and London: Shambhala Publications, 1998, pp. 195-261.

SHANTIDEVA. *The Way of the Bodhisattva*. Traduzido pelo Padmakara Translation Group. Boston and London: Shambhala Publications, 1997.

— *A Guide to the Bodhisattva's Way of Life*. Traduzido por Stephen Batchelor. Dharamsala: Library of Tibetan Works and Archives, 1998.

SOGYAL RINPOCHE. *The Tibetan Book of Living and Dying*. Editado por Patrick Gaffney and Andrew Harvey. San Francisco: HarperSanFrancisco, 1993; em português: *O Livro Tibetano do Viver e do Morrer*. São Paulo: Editora Talento e Editora Palas Athena.

TRUNGPA, CHÖGYAM. *Cutting Through Spiritual Materialism*. Boston and London: Shambhala Publications, 1987, pp. 167-216; em português: *Além do Materialismo Espiritual*. São Paulo: Editora Cultrix, pp. 159-192.

____________. *The Myth of Freedom*. Boston and London: Shambhala Publications, 1988, pp. 103-126; em português: *O Mito da Liberdade*. São Paulo: Editora Cultrix, pp. 111-129.

AS QUATRO QUALIDADES INCOMENSURÁVEIS

KAMALASHILA. *Meditation: The Buddhist Way of Tranquility and Insight*. Glasgow: Windhorse, 1992, pp. 23-32, 192-206.

LONGCHENPA. *Kindly Bent to Ease Us*. Traduzido por H. V. Guenther. Berkeley: *Dharma* Publications, 1975-76, pp. 106-22.

PATRUL RINPOCHE. *The Words of My Perfect Teacher*. Traduzido pelo Padmakara Translation Group. Boston and London: Shambhala Publications, 1998, pp. 195-217.

SALZBERG, SHARON. *Lovingkindness: The Revolutionary Art of Happiness*. Boston and

London: Shambhala Publications, 1995.

THICH NHAT HANH. *Teachings on Love*. Berkeley: Parallax Press, 1997.

SHAMBHALA BRASIL, Comissão de Tradução. *As quatro qualidades incomensuráveis – cântico.* Edição interna pelo Grupo de Meditação Shambhala de São Paulo, 1998.

AS MÁXIMAS PARA O *LOJONG*

CHÖDRÖN, PEMA. *Start Where You Are: A Guide to Compassionate Living*. Boston and London: Shambhala Publications, 1994; em português: *Comece Onde Você Estiver: Um Guia para Viver Compassivamente*. Rio de Janeiro: Editora Sextante.

KHYENTSE, DILGO. *Enlightened Courage*. Ithaca, N.Y.: Snow Lion Publications, 1993.

KONGTRUL, JAMGON. *The Great Path of Awakening: A Commentary on the Mahayana Teaching of the Seven Points of Mind Training*. Boston and London: Shambhala Publications, 1987.

TRUNGPA, CHÖGYAM. *Training the Mind and Cultivating Lovingkindness*. Editado por Judith L. Lief. Boston and London: Shambhala Publications, 1993.

WALLACE, ALAN B. *A Passage from Solitude: Training the Mind in a Life Embracing the World.* Editado por Zara Houshmand. Ithaca, N.Y.: Snow Lion Publications, 1992.

SHAMBHALA BRASIL, Comissão de Tradução. *Os sete pontos de treinamento da mente – Como utilizar os cartões das máximas.* Edição interna pelo Grupo de Meditação Shambhala de São Paulo, 1998.

A PRÁTICA DO *TONGLEN*

CHÖDRÖN, PEMA. *Tonglen: The Path of Transformation*. Editado por Tingdzin Ötro. Halifax, N.S.: Vajradhatu Publications, 2001.

SOGYAL RINPOCHE. *The Tibetan Book of Living and Dying*. Editado por Patrick Gaffney and Andrew Harvey. San Francisco: HarperSanFrancisco, 1993, pp. 201-208; em português: *O Livro Tibetano do Viver e do Morrer*. São Paulo: Editora Talento e Editora Palas Athena, pp. 259-267.

MASTERS, JARVIS JAY. *Finding Freedom: Writings from Death Row*. Junction City, CA: Padma Publishing, 1997.

SUZUKI, SHUNRYU. *Zen Mind, Beginner's Mind*. New York and Tokyo: Weatherhill, 1996; em português: *Mente Zen, Mente de Principiante*. São Paulo: Editora Palas Athena.

TRUNGPA, CHÖGYAM. *Shambhala: The Sacred Path of the Warrior*. Boston and London: Shambhala Publications, 1984; em português: *Shambhala: A Trilha Sagrada do Guerreiro*. São Paulo: Editora Cultrix.

PERMISSÕES

Epígrafe, na página 81, de "Timely Rain", por Chögyam Trungpa. De Timely Rain por Chögyam Trungpa. © 1972, 1983, 1998 por Diana J. Mukpo. Reeditado por acordo com Shambhala Publications, Inc., Boston, Massachusetts 02115. Utilizado com permissão.

O cântico "As quatro qualidades incomensuráveis", apresentado no apêndice 2, foi traduzido para o português por Shambhala Brasil, Comissão Nalanda de Tradução em 1998; o texto inglês "The Four Limitless Ones" foi traduzido pelo Nalanda Translation Committee.

A tradução de "The Root Text of the Seven Points of Training the Mind" © 1981, 1986 por Chögyam Trungpa; revisada © 1993 por Diana Mukpo e o Nalanda Translation Committee. A tradução para o português de "Os sete pontos de treinamento da mente – o uso dos cartões de máximas" foi feita por Shambhala Brasil, Comissão Nalanda de Tradução. As máximas de Atisha foram utilizadas com permissão.

Os rendimentos do autor, por este livro, serão doados à Gampo Abbey, Pleasant Bay, Nova Escócia, Canadá BOE 2PO.

PRÓXIMO LANÇAMENTO DE PEMA CHÖDRÖN

COMECE ONDE VOCÊ ESTÁ

Comece Onde Você Está é um guia indispensável para cultivar a coragem e despertar um coração compassivo. Com intuição e humor, Pema Chödrön apresenta-nos uma orientação prática sobre como fazer amizade com nós mesmos e desenvolver um autêntico coração compassivo em relação aos outros. A autora nos mostra que podemos "começar onde estamos" – abraçando, em vez de negar, os aspectos dolorosos da vida.

Pema Chödrön estrutura seus ensinamentos sobre compaixão tendo como base 59 máximas ou preceitos tradicionais do budismo tibetano, tais como:

· "Mantenha sempre uma mente alegre"
· "Não procure fazer da dor alheia as pernas de sua própria felicidade"
· "Sempre medite sobre tudo que provoca ressentimento"
· "Seja grato a todos"

Através do trabalho com essas máximas e da prática de meditação, *Comece Onde Você Está* nos mostra como todos nós podemos desenvolver coragem para lidar com nossa própria dor e descobrir a alegria, o bem-estar e a confiança.

LANÇAMENTO: AGOSTO DE 2003

IMPORTANTES TÍTULOS DA EDITORA SEXTANTE

De Eckhart Tolle

O PODER DO AGORA

Nós passamos a maior parte de nossas vidas pensando no passado e fazendo planos para o futuro. Ignoramos ou negamos o presente e adiamos nossas conquistas para algum dia distante, quando conseguiremos tudo o que desejamos e seremos, finalmente, felizes.

Essa é mensagem simples, mas transformadora de Eckhart Tolle: viver no Agora é o melhor caminho para a felicidade e a iluminação. Este livro é um manual prático que nos ensina a tomar consciência dos pensamentos e emoções que nos impedem de vivenciar plenamente a alegria e a paz que estão dentro de nós mesmos.

De Osho

APRENDENDO A SILENCIAR A MENTE

Meditação é sentar-se sem fazer nada – não usar seu corpo nem sua mente. É parar de pensar e deixar que a mente, sempre tagarela, silencie por conta própria. Sem esforço, de forma relaxada, fácil, como se fosse um jogo.

Você vai se encantar com o jeito leve e irreverente como Osho traduz conceitos espirituais e com sua capacidade de contar histórias. E descobrirá que, ao trocar as palavras pelo silêncio, você verá a vida com maior clareza e criatividade e tornará seu dia-a-dia mais intenso e cheio de alegria.

Acompanha CD para ajudar na prática da meditação.

De Sua Santidade, o Dalai-Lama

O CAMINHO DA TRANQÜILIDADE

"Segundo a tradição budista a que pertenço, um dos meios mais eficazes de encontrarmos a felicidade e evitarmos o sofrimento é praticando a meditação. Embora a meditação possa algumas vezes significar sentar-se em uma determinada posição especial e silenciar a mente, pode também envolver a familiarização constante com pensamentos positivos.

Este livro inclui citações cotidianas selecionadas de meus próprios escritos e de trabalhos de minha autoria já publicados. Com toda a humildade, rezo para que os leitores possam encontrar nestas palavras alguma inspiração para desenvolver aquela generosa paz de espírito que é a chave da felicidade duradoura."

Sua Santidade, o Dalai-Lama

UMA ÉTICA PARA O NOVO MILÊNIO

O 14º Dalai-Lama registra neste livro seu mais pungente manifesto para o mundo. Com uma visão ao mesmo tempo crítica e otimista, examina o papel social desempenhado pela educação, mídia, política internacional e religião, guiando-nos para assumir a responsabilidade por nosso futuro e para criarmos um sistema ético que seja global e viável.

Ele também apresenta uma visão radical do progresso material, do desenvolvimento tecnológico e da falta de contentamento e ética de nossa sociedade. Ele defende que o alto grau de ansiedade, ambição, estresse, insegurança e depressão que existe no mundo desenvolvido pode ser alterado com uma mudança em nossas percepções básicas.

De Leonardo Boff

ESPIRITUALIDADE

O tema da espiritualidade é discutido no contexto dramático e perigoso em que se encontra a humanidade. Sua reflexão quer captar a urgência da espiritualidade no momento atual, já que a sensibilidade, a compaixão e a tolerância parecem estar esgotadas nos corações das pessoas.

Boff também nos alerta para a distinção entre religião e espiritualidade, afirmando que a melhor religião é a que nos faz mais compassivos, sensíveis, amorosos, humanitários, responsáveis. E que nenhuma religião pode invocar o monopólio dos meios para chegar a Deus. Apenas a espiritualidade que está dentro de cada um.

Inclui CD com palestra do autor.

De Shakti Gawain

A VISUALIZAÇÃO CRIATIVA PODE MUDAR SUA VIDA

Visualização criativa é a técnica de usar a imaginação para criar aquilo que você deseja. Mesmo sem perceber, você já faz isso a todo instante.

A visualização criativa se torna uma ferramenta ainda mais eficaz quando é usada conscientemente. A idéia é criar uma imagem, idéia ou sensação do que se quer e focalizá-la regularmente. Assim, você estará lhe dando energia positiva para que se torne realidade.

O poder da visualização criativa já foi comprovado por milhões de pessoas ao redor do mundo. Agora é a sua vez de aprender a usá-lo.

Acompanha CD com o passo a passo dessa técnica.

OUTROS TÍTULOS DA EDITORA SEXTANTE

Bradley Trevor Greive
– Um Dia "Daqueles"– Uma lição de vida para levantar o seu astral
– O Sentido da Vida
– Querida Mamãe – Obrigado por tudo
– Em Busca do Príncipe Encantado

David Niven
– Os 100 Segredos das Pessoas de Sucesso
– Os 100 Segredos das Pessoas Felizes

Augusto Cury
– Revolucione Sua Qualidade de Vida
– Você é Insubstituível

Dominique Glocheux
– A Vida é Bela

Louise Hay
– Aprendendo a Gostar de Si Mesmo (acompanha CD de meditação)
– Meditações para a Manhã e para a Noite (acompanha CD de meditação)
– Cultivando a Saúde do Corpo e da Mente (acompanha CD de meditação)

Sharon Lebell (Epicteto)
– A Arte de Viver – O manual clássico da virtude, felicidade e eficácia

Salle Merrill Redfield
– Descobrindo a Alegria de Viver (acompanha CD de meditação)
– Meditações Celestinas (acompanha CD de meditação)
– A Alegria da Meditação (acompanha CD de meditação)

Daniel Goleman
– A Arte da Meditação (acompanha CD de meditação)

James Van Praagh
– Em Busca do Perdão (acompanha CD de meditação)

Patch Adams
– O Amor é Contagioso

Oriah Mountain Dreamer
– O Convite

INFORMAÇÕES SOBRE OS PRÓXIMOS LANÇAMENTOS

Para receber informações sobre os próximos lançamentos da Editora Sextante, queira entrar em contato com nossa Central de Atendimento, dando seu nome, endereço e telefone para:

EDITORA SEXTANTE
Av. Nilo Peçanha, 155 – Gr. 301 – Centro
20020-100 – Rio de Janeiro – RJ
Tel.: (21) 2524-6760 – Fax: (21) 2524-6755
DDG: 0800-22-6306 (ligação gratuita)
E-mail: atendimento@esextante.com.br

Para saber mais sobre nossos títulos e autores, e enviar seus comentários sobre este livro, visite o nosso site:

www.esextante.com.br